D1926516

Mohammad Razavi Rad

—

Islam
interkulturell gelesen

Interkulturelle Bibliothek

INTERKULTURELLE BIBLIOTHEK

Herausgegeben von

Hamid Reza Yousefi, Klaus Fischer,
Ram Adhar Mall, Jan D. Reinhardt und Ina Braun

Band 8

Wissenschaftlicher Beirat

Prof. Dr. Constantin von Barloewen
Prof. Dr. Claudia Bickmann
Prof. Dr. Horst Dräger
PD. Dr. Mir A. Ferdowsi
Prof. Dr. Hans-Jürgen Findeis
Prof. Dr. Richard Friedli
Prof. Dr. Raúl Fornet-Betancourt
Prof. Dr. Wolfgang Gantke
Prof. Dipl.-Ing. Peter Gerdsen
Prof. Dr. Dr. h.c. Heinz Kimmerle
Prof. Dr. Wolfgang Klooß
Prof. Dr. Peter Kühn
Dr. habil. Jürgen Maes
Prof. Dr. Karl-Wilhelm Merks
Prof. Dr. Dr. h.c. Dieter Senghaas
Prof. Dr. Alois Wierlacher

Mohammad Razavi Rad
interkulturell gelesen

von
Mohammad Razavi Rad

Traugott Bautz
Nordhausen 2005

Bibliografische Information der Deutschen Bibliothek
Die Deutsche Bibliothek verzeichnet diese Publikation
in Der Deutschen Nationalbibliographie;
detaillierte bibliografische Daten sind im Internet
über http://dnb.ddb.de abrufbar.

Umschlagsentwurf von Susanne Nakaten und Ina Braun

Verlag Traugott Bautz GmbH
99734 Nordhausen 2005
Alle Rechte vorbehalten
Dieses Werk einschließlich aller seiner Teile ist urheberrechtlich
geschützt. Jede Verwertung außerhalb der engen Grenzen des
Urheberrechtsgesetztes ist ohne Zustimmung des Verlages unzulässig
und strafbar. Das gilt insbesondere für Vervielfältigung,
Übersetzungen, Mikroverfilmungen und die Einspeicherung und
Verarbeitung in elektronischen Systemen.

Printed in Germany
ISBN 3-88309-167-7
www.bautz.de
www.bautz.de/interkulturell.shtml

Inhaltsübersicht

Vorwort

Für alle, die wie ich in einer Familie oder Gesellschaft mit islamischen Überzeugungen geboren bzw. aufgewachsen sind, gewinnen die elementaren Kenntnisse und andere Fragen der Welt an Wichtigkeit. Daher haben mich mindestens fünf Fragen von Anfang an beschäftigt und nunmehr 30 Jahre meines Lebens in Anspruch genommen. Die erste und wichtigste Frage war: »Wer bin ich?« Dieser folgten die Fragen: »Wo bin ich?«, und: »Was ist mein Ziel?« Die vierte Frage aber lautete: »Welche gesellschaftlichen und familiären Überzeugungen werden für meinen Werdegang eine Rolle spielen? Sind sie richtig oder sind sie falsch?« Und die letzte Frage war: »Wie denken die anderen; welche Wege haben sie eingeschlagen?« Vielleicht sind ja andere Wege den islamischen überlegen und besser geeignet, das Leben zu meistern.

Alle meine heutigen Überzeugungen besitzen eine dreißigjährige Distanz zu meinen damaligen und ich bin mir bewußt, daß sich auch mein Morgen von meinem Heute unterscheiden wird. Und wer weiß, vielleicht werden sich meine rastlosen Gedanken mit anderen unbeendeten Unwissenheiten beschäftigen.

Wenn dieses Buch, liebe Leser, in ihre Hände gelangt sein wird und sie es gelesen haben werden, wird es so sein, als ob sie mich bis zum Ende meines bisherigen Lebens begleitet hätten. Diese Art Gedanken sind das Produkt der Antworten, die mir die obigen fünf Fragen geschenkt haben. ›Meine‹ Religion und ›mein‹ Islam sind das Extrakt dieser Antworten.

Sie werden möglicherweise staunen, aber ich habe gewiß nicht vor, in diesem Buch über ›meine‹ Religion und über ›meinen‹ Islam zu sprechen. Und zwar deshalb nicht, weil ich glaube, daß ›mein‹ Islam vielleicht nur mit ›meinen‹ charakteristisch-strukturell historischen Eigenarten übereinstimmt.

Ich bin der Überzeugung, jeder sollte seine eigene Religion haben; eine Religion übereinstimmend mit seinen Gaben, seinen Möglichkeiten und seinen Lebensumständen; eine Religion adäquat mit den aktuellen Realitäten in individueller Wahrnehmung, Stimmung und dem persönlichen Universum; eine Religion entsprechend den Sorgen und Auseinandersetzungen, und schließlich eine Religion, die den Einzelnen versteht und die auch der Einzelnen begreifen kann. Das ist eine Religion, die dem Menschen nicht nur einfach zugekommen ist, sondern die er vor allem selbst errungen hat und deshalb schätzt. Gemeinsam gehen sie im Auf und Ab des Lebens Hand in Hand ihren Weg. Nicht eine Religion, die dem Einzelnen so oder so durch die Umgebung, die Eltern und die genetische Vererbung vorgegeben wurde. Diese würde, trotz des Respekts und der Demut, immer in den Lebensprozessen des Einzelnen fehlen, weil er oder sie nie über sie und ihre Begleiterscheinungen nachgedacht hat.

Aufgrund dieser Aussage können Sie vielleicht ahnen, daß es in diesem Buch nicht um die Verteidigung einer speziellen Religion oder ein Urteil über die Religionen geht, weil ich diese Art und Weise von Grund auf falsch finde. Solche Schriften haben in der Schule meines Lebens nie die Note »bestanden« nach Hause gebracht.

In diesem Buch versuche ich, den Islam in seiner eigenen Sprache so vorzustellen, wie er sich selbst versteht, was zwar nicht einfach, aber auch nicht unmöglich ist. Ich glaube, man muß nur die richtigen, logischen Gedanken vorbringen und sie nicht verteidigen oder über sie urteilen, denn ich halte die Verteidigung und das Urteil für eine subjektive und persönliche Sache. Diese erfordern völlige und gänzliche Kenntnis von der Sache und sind notwendig, um

Farbe und Grenzen unseres persönlichen Lebens zu bilden. Verteidigung und Urteil begreife ich in der Atmosphäre der Gedanken als Schädlinge, die bisher nirgendwohin geführt haben. Und ob sie irgendwann einmal irgendwohin führen werden, können wir entscheiden, nachdem wir die Blattseiten der Geschichte, eines nach dem anderen umgeschlagen und zu Ende gelesen und begriffen haben.

Von daher muß man die islamischen Gedanken direkt und in ihrer Sprache verstehen. Man muß die Literatur und die Quellen des islamischen Gedankengutes zu Rate ziehen, sich mit dem ABC des Islam vertraut machen und mit ihm in Dialog treten, seine Schlüssel und Geheimnisse verstehen sowie seine Beziehungen und Relationen zu anderen Religionen suchen. Dann wird man sehen, daß ein absolutes und einseitiges Heiligsprechen oder Verurteilen zwischen den Religionen und Überzeugungen von Unwissenheit und Ignoranz herrührt. Denken Sie nur einmal über die Ungereimtheiten in den Handlungen derer nach, die andere heiligsprechen oder verurteilen. Viele von ihnen verehren oder verurteilen Überzeugungen, die ihnen nicht näher bekannt sind, ohne sie zu studieren. Die Substanz ihrer Erkenntnis und Einsicht ist es, die ihre Träger vor der Verurteilung und Verehrung errettet. Denn, je höher der Mensch auf der Leiter des Wissens emporsteigt, desto mehr tritt er seiner unendlichen Unwissenheit entgegen und versteht mehr und mehr, daß die Wahrheit größer und umfassender ist, als daß sie in meinem Verstehen und meiner Sprache gefangen und eingesperrt werden könnte.

Ich will in diesem Buch ein allgemeines Bild vom Islam präsentieren und dann auf die vielleicht erste Frage eingehen, die Moslems und Nicht-Moslems sicherlich gleichermaßen beschäftigt und dem Islam gegenüber negativ einstimmt, nämlich, warum es zwischen einem theoretischen Islam und der praktischen Umsetzung eines solchen Diskrepanzen gibt. Wir sehen viele Moslems in verschiedenen

Teilen der Welt, deren Verhalten nicht menschlich ist. Woher stammt dieses Paradoxon zwischen Glaube und Handlung? Wie kann man es begründen? Als Antwort kann ich hier nur sagen, daß die göttlichen und die menschlichen Religionen gleichermaßen, hohe menschliche Ansprüche besitzen, und ich denke, daß jemand, der wirklich an sie glaubt, wahrscheinlich nicht unmenschlich handeln wird. Ich sage es offen, keine der unmenschlichen Handlungen, die im Namen des Islam in den verschiedenen Teilen der Welt verübt werden, haben etwas mit dem Islam zu tun, auch dann nicht, wenn ihre Verursacher islamisch gekleidet sind oder aus islamischen Ländern kommen und vorgeben, für den Islam oder im Sinne des Koran zu handeln. Das ist nichts als ein Produkt ihrer direkten und indirekten Unwissenheit über fortschrittliche religiöse Begriffe und Fragen.

Zusätzlich dazu ahne ich, daß die Regisseure hinter den Kulissen der Politik und diejenigen, die weltweit von der Existenz solcher Menschen profitieren, systematisch eine Situation geschaffen haben, in der die Anhänger der Religionen nicht mehr in der Lage sind, sich mit den eigenen Überzeugungen und Kulturen vertraut zu machen. Es sind darum verwirrte Menschen, mit undurchdachten und undefinierten Überzeugungen, ohne Identität. Natürlich fühlen sich solche Menschen, ganz gleich, ob Juden, Christen oder Moslems, gegenüber keinem ethischen Kodex und keinem menschlichen Gesetz verpflichtet, und ihr unruhiges Inneres raubt die Ruhe von Vielen.

In jüngster Zeit ist die besagte Unruhe in das Leben eingedrungen. Und wer hat nicht gewußt, daß die Unruhe und ihr destruktives Feuer viele islamische und nichtislamische Länder verschlingen würden, und daß jene mit ihren Streben nach Krieg und Tod, Armut und Verwüstung ganz genau das erreichen würden, was sie erreichen wollten.

Die Religionen waren die Wiege für zivilisierte und fortgeschrittene Kulturen, und weil sie den gleichen Ursprung haben und die gleiche Substanz beinhalten, haben sie ein höheres Potential für gegenseitige Solidarität und Liebe. Diejenigen aber, die für Konflikt und Krieg zwischen den Religionen anbieten - mit Gewalt und konstruierten Bildern -, fürchten sich vor einer solchen gegenseitigen Annäherung und Solidarität, denn im Lichte der gegenseitigen Annährung wird die nötige Vorraussetzung für das gegenseitige Kennenlernen fortgeschrittener religiöser Gedanken geschaffen. Damit jedoch wird es keine neue Gelegenheit mehr für verbrecherische Charaktere wie Terroristen und »Steinzeitgläubige« geben, die indirekt im Dienste der vorgetäuschten Ziele der Macher der Politik stehen. Im Schatten dieses zerstörerischen, unmenschlichen Willens sollen die Religionen der Welt ständig verwirrt, in Unruhe und Unklarheit über sich bleiben, damit sie, nach Belieben, jederzeit ausgenutzt und mißbraucht werden können.

Leider haben die Macher unserer Zeit große Namen für sich gewonnen, die sie natürlich bewahren, um sie im Namen der Religion, im Namen des Islam, für ihre destruktiven Ziele - die Zerstörung der Religion, und insbesondere des Islam - als Marionetten zu gebrauchen. Sobald Moslems und Nicht-Moslems heute das Wort Islam vernehmen, assoziieren sie es mit dem Namen und Verhalten solcher Personen, die direkt oder indirekt für eine solche Gelegenheit geschaffen wurden.

Ich hoffe, dieses Buch kann zur Aufklärung des wirklichen Islam beitragen und daß Moslems und Nicht-Moslems so mehr über den Unterschied zwischen wirklichem und instrumentalisiertem Islam erfahren. Bedauerlicherweise muß ich sagen, daß zwischen dem Islam, der insbesondere im Westen, von den Orientalisten und sogar vielen Islamwissenschaftlern angeboten wird, und dem wirklichen ein großer Unterschied besteht. Der Islam mit machtpolitischer Zielsetzung, manipuliert in den Händen der Meinungsmacher, gemacht für mehr Haß in der Welt, unterscheidet sich gewaltig von dem Islam, den ich und den Menschen wie ich kennen. Die Religionen richtig zu kennen und Voraussetzungen für ihr Bekanntwerden zu schaffen kann von enormem Nutzen zur Etablierung und zum Erhalt der wertvollen Identität der Menschen einerseits und zum Fortschritt der Kulturen und Gesellschaften anderseits sein.

Mohammad Razavi Rad
Hamburg, im Juli 2005

1. Das Interreligiöse im islamischen Denken

Eine eingehende Betrachtung des Islam zeigt diese Religion als einen Weg zum rechten Leben, der sich nicht nur auf den theoretischen und inneren Glauben allein beschränkt. Sie ist ein klarer und praktischer Leitfaden, durch dessen Umsetzung sich das menschliche Leben entwickeln und verschönern kann, und zugleich eine neue Bewegung, welche die Zukunft der Menschheit positiv beeinflussen wird. Es besteht in ihr eine Ausgewogenheit zwischen Dies- und Jenseits, die sich gegenseitig ergänzen.

Die Werte des Islam zeigen, wie alles Denken, zwei Ausrichtungen auf. Die erste Ausrichtung intendiert eine Erneuerung des menschlichen Inneren, und zwar so, daß das Denken von allem, was nicht gut ist, z.B. von destruktivem Zweifel, hoffnungsloser Unsicherheit, Aberglauben, ungerechter Tradition und Ähnlichem befreit. Bei der zweiten Ausrichtung geht es um eine Verbesserung der menschlichen Gesellschaft.

Es wird deutlich werden, daß die genannten äußeren Verbesserungen ohne eine Änderung des Inneren nicht machbar sind. Lebendige Gedanken sind geeignet, nicht nur verbessernd auf die Außenwelt einzuwirken, sondern in der Auseinandersetzung mit der Außenwelt Erfahrungen zu gewinnen, die dabei behilflich sein können, mit den Tatsachen der Außenwelt besser umzugehen. Würde sich nämlich das Denken nicht der Außenwelt öffnen, wäre es zum Scheitern verurteilt.

Dabei ist der Gedanke falsch, die Erneuerung und Wiederbelebung islamischen Denkens würde eine Veränderung oder Zerstörung des Wesens der Religion selbst bedeuten. Eine Erneuerung und Wiederbelebung von Gedanken des Glaubens, welche untrennbar verbunden sind mit der sich ändernden und veränderbaren äußeren Seite des Lebens und der Außenwelt, ist für das Fortbestehen einer Religion unabdingbar. Diese äußeren Änderungen dürfen allerdings nicht getrennt vom Wesen der Religion sein, das mit dem Festhalten an den Grundsätzen des Islam die Klarheit der Religion sichert. Hierzu sind gute Kenntnisse vom wahren Islam vonnöten. Eine so verstandene islamische Erneuerung ermöglicht es, Zweitbedürfnissen zu entsprechen und diese Religion aufs neue mit Leben, Dynamik, Aktivität und Freude zu erfüllen.

Zweifellos verspürt jeder Mensch in seinem Innern eine Tendenz und ein Verlangen, ja einen unstillbaren Durst nach größtmöglicher Vollkommenheit. Im Zuge dieses Verlangens stellt sich die Frage nach einer erfolgversprechenden Methode zur Erlangung dieser Vollkommenheit. Dies tritt mit dem folgenden pädagogischen Konzept hervor: »Bei den mit Heftigkeit Entreißenden, und bei den äußerst Tatkräftigen, und bei den unbeschwert Dahingleitenden, sodann bei den schnell Vorauseilenden, und sodann bei den, den Befehl Regelnden!«[1]

Wie ist nun dies zu verstehen? Der erste Schritt in die Höhe liegt im ›Entreißen‹. Um die Reise beginnen zu können, muß der Mensch sich von seinen materiellen Bindungen befreien, die ihn an die niedere Welt fesseln. Er beginnt damit, indem er sich von allem löst, was ihn an Makel und Unvollkommenheiten kettet. Dieses Stiefels, der im irdischen Treibsand steckt, muß er sich zunächst entledigen und alles, was das egoistische und egozentrische Ich bestärkt, ablegen. Diese Dinge zerschlagen die Kraft des Menschen, reißen seine Reihen auf und säen Zwietracht in die menschlichen Herzen.

Der zweite Schritt ist die Tatkraft, die der Strebende auf seiner Suche nach Vollkommenheit und für die Erledigung

---

[1] Sure 79, Verse 1-5.

seiner religiösen Verpflichtungen und notwendigen Aufgaben aus freien Stücken braucht. Diese Phase ist eine natürliche Konsequenz des ersten Schrittes. Ist der Gläubige erst einmal völlig in die Phase des Entreißens eingetaucht, kann er bereits als tatkräftig bezeichnet werden. Dieses Sichbefreien des Gläubigen aus der Gefangenschaft der materiellen Verkettungen macht ihn zu einem Freien. Am schnellsten kommt er dabei voran, wenn er mit einfachen und leichten Dingen beginnt und seinen Tatendrang allmählich steigert, bis er schließlich alle gesetzlichen Verordnungen mit reiner Intention erfüllt. Er muß sich jedoch davor hüten, diesen Verpflichtungen mit Reaktionismus zu begegnen und sie als Last zu empfinden, die er nur deshalb erträgt, weil er sich damit vor dem Höllenfeuer errettet und dem Paradies näher bringt. Vielmehr sollte er sie als Mittel und Wege zu seiner eigenen Vervollkommnung betrachten und deshalb achten. Er sollte sich hierbei genauso verhalten wie inmitten seiner Gesellschaft, wo er seinen Tatendrang darin begründet, einen ehrenvollen und würdigen Platz in derselben zu erlangen.

Der dritte Schritt besteht im ›Dahingleiten‹, welches die Fortbewegung, ohne Abweichung und ohne Ermüdung, auf dem Weg der Wahrheit versinnbildlicht. In dieser Phase beginnt der Gläubige zu schwimmen oder zu ›schweben‹. Er reinigt sich so lange von Lastern und bessert sich, bis die vollkommenen und guten Eigenheiten und Charaktereigenschaften voll und ganz in ihm zur Entfaltung kommen, und er sich mit echten Tugenden schmücken kann.

Hat der gläubige Moslem diese dritte Phase überschritten, vollendet sich in ihm die Eigenschaft des ›Vorausseins‹, d.h., er ist im Erfüllen seiner Aufgaben vorauseilend. Die am Versanfang ›und bei den schnell Vorauseilenden‹ verwendete Konjunktion (fa-) – etwa: ›sodann‹ – verweist auf diese, durch göttliche Fügung herbeigeführte Vollendung der Eigenschaft im Geiste des Gläubigen.

Waren die ersten drei Phasen – deren Gelingen immer von einer gewissen Mühe seitens des Strebenden abhängig ist – stets durch das Bindewort (wa-), also ›und‹, verbunden, setzt hier, gekennzeichnet durch das veränderte Bindewort ›sodann‹ eine neue Phase des göttliches Erbarmens und der göttlichen Fügung ein, wo der Mensch in allem Guten vorauseilt. Die Regelung und Fügung seiner Angelegenheiten vollzieht sich hier im Lichte des von Gott verliehenen, gesunden Verstandes und der rechten und vernünftigen Anschauung. Auf diese Weise erscheinen die Taten des Gläubigen als solche, die geregelt und von Erfolg gekrönt sind und die zu einem guten Ende und Ausgang führen.

1. 1. Eine Religion von Erbarmen und Menschlichkeit

Durch Presse, Funk und Fernsehen der westlichen Welt gehen Berichte über den Islam, welche diese Religion gewissermaßen als Verkörperung von Schrecken und Gewalt zeigen.[2] Diese Berichte demonstrieren, wie der Mensch an seinen ›Brüdern‹ unbeschreibliche Gewalttaten verübt. Doch damit nicht genug, diese Untaten werden auch noch als Verteidigung von Werten des Glaubens oft im Namen von Vaterlandsliebe, Patriotismus, Volkstum, Nationalstolz, Gesetzlichkeit und Rechtmäßigkeit geschehen. Dabei wird vergessen, daß all diese Kunstausdrücke, wenngleich sie an dieser Stelle sicherlich eine Bedeutung tragen, ursprünglich dafür gemacht sind, den Menschen zu schützen und ihm Sicherheit und Stabilität zu geben.

Zu den offensichtlichsten Problemen der Zivilisation des zeitgenössischen Menschen zählen Gewissen- und Gefühllosigkeit sowie Unbarmherzigkeit. Gerade mit dem Erbarmen

---

2 Vgl. dazu die interkulturellen Studien von Hamid Reza Yousefi und Ina Braun: Interkulturelles Denken oder Achse des Bösen. Das Islambild im christlichen Abendland (Bausteine zur Mensching-Forschung Bd. 8), Nordhausen 2005.

verliert der Mensch die wichtigste Seite seiner Menschlichkeit. Der Verlust von Mitleid und Erbarmen und das Auftreten von Gefühl- und Gewissenlosigkeit sind natürliche Konsequenzen, die sich dort einstellen, wo nicht mehr an ethische Werte, nicht mehr an einen Schöpfer des Daseins und an einen Tag des Gerichts geglaubt wird. Eine solche Not der Zivilisation kann nach der islamischen Lehre nur dadurch behoben werden, daß die Menschen auf den Pfad der Tugend zurückkehren, indem sie wieder an ethische Werte und an Gott als den Schöpfer aller Dinge glauben: »O unser Herr, alles erfaßt Du mit Erbarmen und Wissen.«[3]

Der Moslem erkennt in dem, was die Propheten von der Offenbarung erhalten haben, daß der Schöpfer barmherzig mit den Menschen verfährt. So beschreibt sich Gott selbst als Allerbarmer, als immer und ewig Barmherziger. Jede Sure des Korans eröffnet er mit diesen beiden seiner schönsten Namen: ›ar-Rahman‹[4], ›ar-Rahim‹[5], um die göttliche Eigenschaft des Sicherbarmens im Wesen des Menschen zu festigen, damit dieser in seinem Inneren verspürt, daß er es mit einem allerbarmenden, einem immer barmherzigen, einem liebevollen und gütigen Gott zu tun hat. Auch der Bote Gottes, der Gesandte Mohammad, wird im Koran als ein nachsichtiger, verzeihender und mit seinen Mitmenschen stets barmherziger Mensch geschildert: »Zu euch ist ein Gesandter von euch gekommen, den es stark bekümmert, wie bedrängt ihr seid, eifrig bedacht auf euch, mit den Gläubigen gütig und stets barmherzig.«[6] »Und Wir entsandten dich als nichts anderes als Erbarmen für die Weltbewohner.«[7]

---

3 Sure 40, Vers 7.

4 Arab. Der Allerbarmer.

5 Arab. Der immer Barmherzige.

6 Sure 9, Vers 128.

7 Sure 21, Vers 107.

Für die Moslems manifestiert der Prophet die Barmherzigkeit in seinem ganzen Handeln, seinem ganzen Leben und seiner ganzen Menschlichkeit. ihn berührte sogar das Weinen eines Kindes, während er noch im Gebet stand. Er weinte um seine Feinde und überhäufte sie mit seiner Güte und empfand sogar mit den Tieren Mitleid und Sorge.

Wie der Gesandte das Erbarmen in seinen Taten und seinen Aussagen verkörpert, so ruft er seine Gemeinde zum Erbarmen auf und erzieht sie mit Sittlichkeit, um in ihnen ihr Mitgefühl und ihr Gewissen zu wecken. Eine Überlieferung von ihm besagt: »Nur einem Unseligen wird das Erbarmen entrissen.«[8] Und er soll ebenfalls gesagt haben: »Gott erbarmt sich nur der barmherzigen Seiner Diener.«[9]

Ja, der Prophet verbot jede Art der Herzlosigkeit und Gewissenlosigkeit, indem er sagte: »Wahrlich, ein unbarmherziges Herz ist weit entfernt von Gott!«[10] Dies alles ist für den gläubigen Moslem der Aufruf zu mehr Barmherzigkeit, mehr Mitgefühl mit anderen, mehr Gewissenhaftigkeit und mehr Anteilnahme am Leid anderer. Es verkörpert das Bewußtsein von der Einheit der Menschengattung und veranlaßt den Menschen, sich gegenüber dem anderen so zu verhalten, wie er sich wünscht, daß sich die anderen gegenüber ihm verhalten sollen. Wenn der Islam das Erbarmen, die Güte und das Mitgefühl zum Fundament hat, dann ist es der Materialismus, der zu Herzlosigkeit, Feindseligkeit, Terror und Barbarei führt, und nicht der Islam.

Ein Rückblick in die Zeit der Offenbarung des Korans zeigt, daß damals wesentliche Veränderungen für die Menschheit stattfanden. Die Botschaften des Korans lieferten Sanktionen und Regeln, die klare und ausreichende

---

[8] al-Mustadrak [v. an-Nischaburi]: B. 4, S. 248-249.

[9] Mustadrak al-Wasa'il: B. 6, S. 386, H. Nr. 6659-7.

[10] Mustadrak al-Wasa'il: B. 12, S. 95, H. Nr. 13617-10.

Antworten für das spirituelle und materielle Leben beinhalten.

Vor der Offenbarung des Korans hatten die Menschen unterschiedliche, zweifelhafte Anschauungen über den Sinn und die Geheimnisse der Schöpfung, das Dasein und das Ziel des Lebens. Sie suchten Hilfe und Schutz bei Götzenbildern und künstlichen Göttern. Der Koran beendete mit der deutlichen Erklärung und Darstellung vom einzigen, gemeinsamen Schöpfer die Zweifel und die Unwissenheit der Menschen in dieser Frage.

Eine andere Wirkung hat die Wiederverleihung von Würde und menschlichen Werten an die Menschen. Frauen besitzen den gleichen Wert und die gleiche Würde wie die Männer; das Geschlecht spielt keine Rolle. Nur der bessere Gläubige oder derjenige, der mehr Frömmigkeit besitzt, erhält auch einen höheren Wert als andere, und auch das zunächst nur bei Gott: »Der Edelste von euch bei Gott ist der Frömmste.«[11]

Auch schenkte der Koran dem Leben des Menschen einen hohen Sinn und viele bemerkenswerte Bedeutungen. Zuvor hatten die Menschen unter dem Sinn des Lebens hauptsächlich verstanden, nach möglichst viel Macht und Ansehen zu streben und diese zu genießen. Gott aber spricht: »Jenen, die ungläubig sind, ward das weltliche Leben ausgeschmückt, und sie verhöhnen jene, die gläubig sind. Jene, die gläubig sind aber, werden am Tage der Auferstehung über ihnen stehen.«[12]

Die Moslems sind sich darin einig, daß ihre Religion, der Islam, also die Ergebenheit in den Willen Gottes, auch die ›Religion der Menschlichkeit‹ ist. Die Verse des Korans und

[11] Sure 49, Vers 13.
[12] Sure 2, Vers 212.

die Aussprüche des Propheten und der Imame[13], welche die Wesenheit des islamischen Glaubens erläutern, bekräftigen, daß die Sinnbilder der islamischen Religion nicht rein theoretisch bleiben und in engem Zusammenhang mit dem alltäglichen menschlichen Leben stehen. Die islamische Religion erhebt uneingeschränkt den Anspruch, in der Lage zu sein, die Gesellschaft der Menschen leiten und regieren zu können, indem sie ihre materiellen und geistigen Bedürfnisse deckt.

Nach Auffassung der Moslems wurde der Gesandte Gottes nicht dazu erweckt, den Menschen Tod, Unvermögen, Armut, Unrecht, Rassismus und alle anderen Übel zu bringen, die es in der vorislamischen Zeit ja bereits im Überfluß gegeben hatte. Im Gegenteil, die Botschaft des Propheten war eine Botschaft des Lebens mit all seinen positiven und wohlschaffenden Bedeutungen; die Botschaft eines guten Lebens in dieser und der jenseitigen Welt. Entgegen den Behauptungen jener, die der alltäglichen Versorgung, den Grundbedürfnissen des Lebens und dem Erwerb innerhalb der Religion keinen Platz und keinerlei Bedeutung zusprechen, sagte der Prophet von Anfang an: »Wer keinen Erwerb irdischer Versorgung übernimmt, wird auch keine Versorgung im Jenseits haben.«[14] Dies zeigt sich auch in der Aussage: »Die Armut ist schon beinahe Unglaube.«[15] Alle rechtschaffenen Taten des vergänglichen Erdenlebens sind Mittelswege zu den Annehmlichkeiten und Seligkeiten des Jenseits.

13 Die Rede ist von den Zwölf Imamen: Ali, Hasan, Hossein, Ali, Mohammad, Dschafar, Mussa, Ali, Mohammad, Ali, Hassan und der erwartete Mahdi, aus dem Haus des Propheten Mohammad, die der schiitischen Überzeugung nach von Gott als seine Nachfolger designiert wurden.

14 Dieser Ausspruch wird dem Propheten nachgesagt und ist sinngemäß glaubhaft. Jedoch existiert, unseren Recherchen nach, keine Überliefererkette für diesen Ausspruch.

15 al-Kafi: B. 2, S. 307, Bab al-Hasad, H. Nr.: 4.

Gott selbst ist es, der die Gläubigen zur Andacht und zum Verständnis dieser Wirklichkeit aufruft, da er sagt: »Und unter ihnen ist jemand, der spricht: ›O unser Herr! Gib uns Gutes im Diesseits und Gutes im Jenseits und bewahre uns vor der Qual des Höllenfeuers.‹«[16] »Jenen, die glauben und rechtschaffene Werke vollbringen, Frieden wird ihnen zuteil werden und eine gute Heimkehr!«[17]

Ein Vergleich des Islam mit anderen Anschauungen und Ideen, die seitens der Menschen hervorgebracht wurden, zeigt den maßgeblichen Unterschied zwischen der Botschaft Gottes und Ideologien, die im Grunde auf menschlichen Ideen basieren, in der Vollkommenheit der islamischen Religion. Die Grundbausteine und Einsichten in die Wahrheit, die im Koran niedergelegt sind, unterliegen in keiner Weise unausweichlichen Ereignissen der Geschichte, weder Ort, Zeit, Gesellschaftswandel, Politik, Wirtschaftswandel noch einer Rasse oder Kultur. Diese Grundelemente verfolgen die Schaffung eines neuen Menschen und einer neuen Realität, ohne die Fähigkeit und die Vernunftbegabung der Menschen und ihre geistigen wie materiellen Errungenschaften minder zu bewerten.

Ebenso werden die Botschaften, oder besser gesagt, die Botschaft der Propheten und Gesandten Gottes und insbesondere der Großen unter ihnen angesehen, deren Botschaft in der Erlösung der Menschheit, der Befreiung von allem Joch und der Erlösung von allen Lastern sowie in der Hinführung der Menschheit zu Tugend und Vervollkommnung bestand. Ihr Anliegen war darüber hinaus, die Menschheit zur Anerkennung der Existenz und der Einheit ihres Schöpfers zu leiten. Hieraus ergab sich notwendig, daß sie alles bekämpften, was sich tyrannisch und zu Unrecht der Vervollkommnung des Menschen, seiner Erkenntnis und der

[16] Sure 2, Vers 201.

[17] Sure 13, Vers 29.

Wohlfahrt seines Lebens in den Weg stellte. Auch heute sieht die islamische Idee die Menschheit zu nichts anderem aufgerufen als zur Umkehr und Einsicht in die Verkündung Gottes Verkündigung von einem friedvollen, menschenwürdigen und guten Leben, da er spricht: »O Du Prophet, Wir entsandten dich als Zeugen und Verkünder und Warner. Und als Rufer zu Gott, mit Seiner Erlaubnis und als eine erleuchtende Lampe. Und verkünde den Gläubigen frohe Botschaft, daß ihnen von Gott ein großer Vorzug zuteil werden wird.«[18]

1. 2. Freiheit aus islamischer Sicht

Mohammad war besonders in den letzten Jahren vor seiner Auswanderung von Mekka nach Medina darum bemüht, seine göttliche Botschaft zu übermitteln. Es bedrückte ihn, daß viele Menschen seiner Botschaft kein Gehör schenken wollten, woraufhin Gott, zur Ermutigung seines Gesandten offenbarte: »Und wenn es dein Herr gewollt hätte, gewiß hätten alle, die auf Erden sind, geglaubt - sie alle gemeinsam. Doch willst du die Menschen zwingen, damit sie Gläubige werden?«[19]

Dieser Vers verbietet nicht, zum Islam aufzurufen und diesen zu verkünden, sondern er wendet sich offensichtlich dagegen, die Menschen zum Glauben zu zwingen. Darum lud der Prophet die Menschen ohne Zwang und Druck zum Islam ein. Gott spricht: »Es gibt keinen Zwang im Glauben. Die Rechtleitung ist gegenüber dem Irrtum klargeworden. Wer also den Glauben an den Taghut (den heidnischen Götzen) ablegt und an Gott glaubt, der ergreift die sicherste Stütze, für die es kein Zerbersten gibt. Und Gott ist hörend und allwissend.«[20]

---

[18] Sure 33, Verse 45 und 46.

[19] Sure 10, Vers 99.

[20] Sure 2, Vers 256.

Aus diesem Grund ist es unmöglich, jemanden durch Gewalt von der Richtigkeit des Islam zu überzeugen. Gerade weil der Islam geistige und spirituelle Besonderheiten und Vorzüge besitzt, bietet er den Menschen hierin völlige Entscheidungsfreiheit. Niemand kann in dieser Sache über einen anderen Menschen verfügen oder bestimmen. Im Koran wird sogar gesagt, daß auch die Menschen, die nicht den Islam angenommen haben oder sich für irgendeinen anderen Glauben entschieden haben, an der alles umfassenden, göttlichen Barmherzigkeit teilhaben. Gott spricht: »Jene, die glauben, und die Juden und die Christen und die Sabäer, die an Gott und den Jüngsten Tag glauben und gute Werke verrichten; ihnen wird bei ihrem Herrn ihr Lohn zuteil werden, und sie werden weder sich fürchten müssen noch traurig sein.«[21] Dieser Vers kommt im Koran noch ein weiteres Mal vor.[22] er hat die Aufmerksamkeit und Verwunderung derer auf sich gelenkt, die sich mit dem Islam beschäftigen. Denn dieser Vers verlangt von einem Menschen, der Moslem ist, daß er andere Menschen, die zwar keine Moslems sind, aber an Gott und den Jüngsten Tag glauben, respektiert und achtet. Trotzdem werfen diejenigen, die sich mit dem Islam auseinandersetzen, ihm immer wieder vor, er sei nur durch das Schwert verbreitet worden. Dabei sollten es gerade diese aufgrund ihrer besonderen Kenntnis von der Mildherzigkeit der Moslems, die dem Beispiel ihres Propheten folgen, besser wissen.

Aber damit nicht genug: Denn dieselben bezichtigen die Moslems auch noch, fanatisch und engstirnig zu sein, weshalb sich hier die Frage stellt, ob sie nicht dazu in der Lage sind, zwischen Freiheit und Gewalt zu unterscheiden, oder ob diese beiden Begriffe für sie das gleiche sind. Es gibt aber auch aufrichtige Forscher, die von der Großzügigkeit und

21 Sure 2, Vers 62.
22 Sure 5, Vers 69.

Mildherzigkeit der Moslems und ihrer Religion überzeugt sind. Für sie zählen diese Punkte zu den grundsätzlichen und unübersehbaren Merkmalen des Islam, weshalb sie nur noch mehr Respekt und Sympathie für den Islam gewinnen, wenn sie sich die Koran-Verse vor Augen führen, in denen die Moslems zu friedlichem Mit- und Nebeneinander mit Andersgläubigen aufgerufen werden.

Gedankenfreiheit stellt ein fundamentales Prinzip und eine grundlegende Besonderheit des islamischen Glaubens dar. Der Beweis hierfür ergibt sich aus Hunderten von Koranversen. Dort wird mit unterschiedlichen Formulierungen dem Nachdenken, dem Nachsinnen, dem Überlegen, dem Verstehen und dem Wissen ein hoher Stellenwert beigemessen. Wäre das Nachdenken über die wahre Beschaffenheit der Welt des Seins nicht frei und völlig uneingeschränkt, hätte Gott nie die Absicht gefaßt, solche Gebote für das Nachdenken zu erlassen.

Nach der muslimischen Tradition erschuf Gott den Menschen als Statthalter auf Erden und wies ihm eine Rolle bei der Entwicklung und Gestaltung des Lebens auf diesem Planeten zu. Er stellte ihn über die gesamte Schöpfung und verlieh ihm einen Vorzug vor vielen Dingen, die er erschaffen hat. Schließlich sandte er auf einige Einzelpersonen die Offenbarung herab, damit sie seine Botschaft allen Menschen überbringen konnten. Er forderte sie hierin zum Nachdenken auf, so daß sie aus ihren Gedanken Schlüsse ziehen können, wobei er das Nachdenken als den Weg betrachtet, der zur Erkenntnis führt. Er will, daß der Mensch durch dieses Nachdenken für seine Anschauungen, seine Zugehörigkeit und seine Bekenntnisse Verantwortung übernimmt. Deshalb gibt es für den Menschen absolut keine Rechtfertigung für jegliche Form blinder Nachahmung von Ahnenkulten, absurden Traditionen sowie Eigennutz und Egoismus.

Somit ist der Mensch in seiner geistigen Welt völlig befreit, und es gibt keinerlei Einschränkungen oder Grenzen, an denen er stehenbleiben müßte, außer in der verborgenen Welt, in welche er normalerweise keinen Einblick hat. Er beweist die philosophische Möglichkeit oder Notwendigkeit jener Welt zwar durch seine von Gott erhaltene Vernunft und erblickt sie vielleicht durch die Wahrheiten seines aufgeschlossenen und fest gegründeten Glaubens, jedoch kann er sie nicht mittels der Instrumente erfassen, mit denen er sich auch Kenntnis von den wesentlichen Besonderheiten der diesseitigen Welt verschafft. Der Koran bekräftigt dies, indem er sagt: »Und sprich: Es ist die Wahrheit von eurem Herrn. Wer will, der soll glauben; und wer will, der soll leugnen.«[23]

Das Leben der Imame und Propheten zeigte in ihren den Islam betreffenden Aktivitäten eine bestimmte Zieleinigkeit. Eines ihrer Ziele aber war, die Menschen zu Gott und zur Gottergebenheit – dem Islam – aufzurufen. Ihr ganzes Bemühen war darauf ausgerichtet, die Menschen zu einem tiefspirituellen Glauben aufzurufen, dessen Gottesdienst politisch und dessen Politik gottdienend ist, einem Glauben und einer Religion, die kein Unrecht duldet und kein Verbrechen toleriert und deren Aktivität und Bewegung durch keine Zeit und keinen Ort eingeschränkt werden kann. Eine Religion, die kein anderes Maß als die Wahrheit kennt und kein anderes Ziel hat, als die Falschheit zu vernichten. So verlangt es die Vernunft, und so verlangt es auch die Schrift.

Ein anderes Ziel aber war, einen spirituellen und geistigen Zustand zu schaffen, durch den der Mensch sicher zu Gott geführt wird. Dieser Zustand war der innere Glaube und die Hinwendung des Menschen zu Gott. Oder so, wie es in vielen Koranversen ausdrückt wird: »die Andacht« oder

---

[23] Sure 18, Vers 69.

»das Gedenken«[24], auf arabisch: adh-Dhikr. Denn das, was Gott mittels der Propheten und Imame verleiht, ist nichts anderes als eben diese Andacht und dieses Gewahrsein.

Wer sich in einen solchen Zustand der Andacht und des Gewahrseins begibt, ist auch dazu bereit, sich warnen und verbessern zu lassen. Wenn sich die Menschheit jedoch dieser Dimension nicht gewahr ist, dann bleiben ihr - wie dies heute auch in unserer materialistischen Zeit der Fall ist - alle Türen zu geistiger Wohlfahrt verschlossen.

Es gibt keinen Zweifel daran, daß der Schlüssel der heutigen materialistischen Welt zu geistiger und spiritueller Wohlfahrt, ja sogar zu materieller Wohlfahrt im Sinne von globaler Gerechtigkeit, die Selbstbesinnung und das Gewahrwerden und die Andacht ist. Zweifellos und ohne Wenn und Aber kann nur eine Besinnung auf das Ziel der Schöpfung und auf das, was hinter den materiellen Erscheinungen des Lebens in dieser Welt verborgen liegt, einen Ausweg aus dem geistigen und spirituellen Dunkel des Materialismus bahnen. Das Leben, und vor allem den Sinn des Lebens, auf Speise, Trank, Ramsch und alle anderen Begierden zu beschränken und sich vom eigentlichen Inneren dieser Welt und dem, was sie in Wahrheit zusammenhält, abzuwenden, ist die Wurzel allen Übels und allen Leids. Das wahre Element menschlichen Lebens lebt allein durch die Philosophie vom Ursprung und Ziel desselben.

Das dritte gemeinsame Ziel aller Propheten und Imame aber war die Errichtung und Schaffung einer gesunden Gesellschaft, in der menschenwürdiges Leben das erste Mal im größeren Rahmen ermöglicht wurde. Eine Gesellschaft, in der kein Unrecht und keine schlechte Gesinnung herrschen, sondern die stets um richtiges und gerechtes Verhalten und Handeln bemüht ist. Denn 99 Prozent aller sozialen Miseren, die in den menschlichen Gesellschaften vorkommen,

---

[24] Sure 3, Vers 58.

entstehen aufgrund von ungerechtem Verhalten und schlechter Moral. Dies ist jeden Tag an vielen Orten der Erde von neuem zu beobachten.

Die Sorgen, Probleme und Nöte, mit denen heute auch die Moslems in der Welt zu kämpfen haben, rühren von der Unachtsamkeit und der Gleichgültigkeit her, die sie ihrer Religion und ihrem Glauben entgegenbringen. Obwohl die Möglichkeiten der Verständigung und der Informationsübermittlung weltweit enorm zugenommen haben, treffen wir überall Moslems an, die ganz grundlegende Fragen ihrer Religion und ihres Glaubens nicht beantworten können.

Wir müssen uns gewahr werden und darüber im klaren sein, daß die Welt von heute mit einer Religion des Geheimnisumwobenen und Unbekannten nichts anzufangen weiß, solange ihre Fundamente nicht klargemacht und ihre Stärke und ihr Potential in der Leitung der Menschen und allen ihn betreffenden Fragen noch nicht bewiesen sind.

Darum sind wir alle dazu verpflichtet, mit allem, was in unserer Macht steht, wie z.B. den Erfahrungen der vergangenen Zivilisationen und dem Vertrauen auf unseren Glauben, eine islamische Welt zu schaffen, die dem Rest der Welt eine echte Alternative und eine Lösung ihrer Sorgen und Nöte bieten kann. Eine solche islamische Gesellschaft muß, in Anlehnung an den Glauben an Gott, an die Urnatur des Menschen und an sein Gewissen, in allen Bereichen und Dimensionen des menschlichen Lebens effektive und aktuelle Lösungen bereitstellen. Aus diesem Grunde müssen wir uns, gemäß den Grundlagen des islamischen Rechts und Gesetzes, den Fragen der Welt heute mehr denn je öffnen.

Jeder von uns wird wohl zustimmen, wenn ich sage, daß die Moslems gerade heute, mehr als je zuvor dazu in der Lage sind, produktive Gedanken zu fassen und realisierbare, praktische Schritte zu gehen, die Botschaft des Islam zu erfüllen und seine Ziele wie auch sein Potential in die Tat umzusetzen. Denn wir sind der Auffassung, daß der Islam, die freie Ergebenheit in Gott und die Religion der Zukunft ist.

Die Koranverse zeigen uns, daß das Recht auf Leben eine Gnade Gottes ist und alle Menschen ein Recht darauf haben und kein Mensch das Leben - auch nicht sein eigenes - zerstören darf: »Wenn jemand einen Menschen tötet, ohne daß dieser einen Mord begangen hätte oder ohne daß ein Unheil im Lande geschehen wäre, soll es so sein, als hätte er die ganze Menschheit getötet; und wenn jemand einem Menschen das Leben erhält, soll es so sein, als hätte er der ganzen Menschheit das Leben erhalten.«[25]

In diesem Vers betont Gott, daß die Vernichtung eines Menschenlebens der Vernichtung der Menschheit gleicht und die entsprechende Vergeltung dafür sich an diesem totalen Vergleich orientieren wird. Deshalb sind alle Menschen, die Zeugen von Ungerechtigkeit gegenüber einem anderen Menschen werden, verpflichtet, diesen Menschen zu verteidigen, und jede Nachlässigkeit und Gleichgültigkeit darüber kommt der Unterstützung der Ungerechtigkeit gleich. Dieses Prinzip der Betroffenheit gilt für alle Menschen, ob sie Moslems sind oder nicht, sowohl im Hinblick auf die physische wie auch die psychische Unversehrtheit des Menschen. Der Koran bezeichnet die schönste Form der Existenz als »reine Existenz«[26], und damit ist ein Leben gemeint, in dem Würde und Rang des Menschen geachtet werden, d.h., Gott gewährt dem gläubigen Menschen, der nur an gute Taten denkt, eine reine Existenz.

Hat man nicht die Seele des Menschen getötet, wenn man ihn in seinem Bewußtsein beschränkt? Liegt es nicht auf der Hand, daß der Tötung unschuldiger Menschen erst die Tötung ihres Geistes und ihrer Seele vorausgeht? Geht der

---

25 Sure 5, Vers 32.

26 Sure 16, Vers 97.

militärischen Auseinandersetzung nicht die gedankliche voraus? Aus diesem Grunde soll man die geistigen und seelischen Werte in der menschlichen Existenz nicht geringschätzen oder gar ignorieren.

Wenn mangelhafte Einsicht und einseitiges Bewußtsein gefördert werden und aus dem Denken heraus blutige Auseinandersetzungen entstehen, so kann daraus sogar ein Verhalten resultieren, das weder Freund noch Feind kennt, wie es gerade auf weltpolitischer Bühne zu beobachten ist. Alle werden dadurch geschädigt und die Förderer selbst müssen den Preis bezahlen, weil sie selbst diese Gefahren gegen sich entfaltet haben. Deshalb soll grundsätzlich jeder Angriff auf einen Menschen wie der gegen die Menschheit verurteilt und bestraft werden, damit die Wurzel der Zwietracht (Fitna) beseitigt wird. Aus koranischer Sicht ist »Fitna« die Vergiftung der reinen spirituellen menschlichen Existenz, die Verbreitung unmenschlicher Gedanken und unmoralischer Ideen im Bereich des Denkens und der Kultur des Menschen. Es gibt dann eine erste und zweite und dritte Welt, eine Unterteilung in erste und zweite Klasse, in zivilisiert und unzivilisiert usw., womit letztlich nur ein Angriff auf das menschliche Leben gerechtfertigt werden soll. Gott sagt im Koran: »Und die Verführung (al-Fitna) ist schwerwiegender als das Töten.«[27]

Und das ist ein deutlicher Hinweis auf die Bedeutung der ›geistigen Brandstiftung‹ in den menschlichen Herzen. Die Untrennbarkeit von Geist und Körper des Menschen bedeutet, daß sich jede Spur auf der Seele auch im Körper des Menschen manifestiert. Vielleicht lesen wir diesen Vers vor diesem Hintergrund in einer erweiterten Bedeutung, der direkt in das Herz der koranischen Kultur zielt: »Und tötet euch nicht (gegenseitig)! Gott verfährt barmherzig mit euch. Wenn einer dies in Übertretung und in frevelhafter Weise

[27] Sure 2, Vers 217.

tut, werden Wir ihn im Feuer brennen lassen, und das ist Gott ein Leichtes.«[28]

Ein Grundrecht des Menschen ist das Recht auf Bildung, denn dieses ist die Voraussetzung für (innere) Sicherheit, und diese geht wiederum der Tat voraus. Daher kann man von einem Menschen mit rudimentärer religiöser Bildung nicht erwarten, daß er sein Leben religiös gestaltet. Ebenso kann man von einem Menschen, der die Gesetze nicht kennt, nicht erwarten, eben diese Gesetze einzuhalten. Der Koran sagt: »Und verfolge nicht das, wovon du keine Kenntnis hast.«[29]

Das heißt, man soll sich nicht für das engagieren, wovon man keine Kenntnis besitzt. Diese Betonung von Kenntnis und Verstand unterscheidet den Islam von anderen Anschauungen. Und dieser Aspekt wird auch im Verhalten der großen islamischen Persönlichkeiten und des Propheten deutlich. Imam Ali sagte z.B. zu seinem Gefährten Kumayl, daß er sich von einer Sache fernhalten solle, wenn er keine Kenntnis darüber habe. Es ist einsichtig, daß man ohne Kenntnis keine richtige Entscheidung treffen kann. Deshalb bat der Prophet immer darum, daß ihm Gott die Wahrheit der Phänomene deutlicher mache.

Erwähnen muß ich noch, daß ebenso, wie jeder Mensch verpflichtet ist, Kenntnis und Wissen zu erlangen, auch die für Kultur und Bildung Verantwortlichen in einer Gesellschaft verpflichtet sind, den Menschen die entsprechenden Möglichkeiten bereitzustellen. Auch in unserer Epoche sind immer noch nicht jedem alle Informationen zugänglich, d.h., in dieser Hinsicht gibt es eine gesellschaftliche Ungerechtigkeit, gegen die man jedoch angehen muß. Man muß also versuchen, informiert zu sein, weil Sieg oder Niederlage,

---

[28] Sure 4, Vers 29, 30.

[29] Sure 17, Vers 36.

Macht oder Machtlosigkeit im Bewußtsein des Menschen wurzeln, denn Information prägt Bewußtsein.

Im Bereich der Religion verhält es sich ebenso. Wenn die religiöse Kenntnis unserer Zeit entspricht, wird sie den Menschen zu einem engagierten religiösen Menschen werden lassen; ist die Kenntnis von der Religion hingegen oberflächlich und entspricht nicht dem Geist der Zeit, so resultieren daraus Isolation, Rückschrittlichkeit und geistige Stagnation und letztlich der Untergang einer Gesellschaft.

Wißbegier und die Suche nach der Wahrheit liegen dem menschlichen Denken zugrunde. Das Denken und Reflektieren ist eine besondere Fähigkeit des Menschen, und wenn diese Fähigkeit auf logischen Prinzipien basiert, wird sie wertvolle Ergebnisse hervorbringen. Im Koran lesen wir: »Wahrlich, als die schlimmsten Tiere gelten bei Gott die Tauben und die Stummen, die keinen Verstand haben.«[30]

Also ist vor Gott der schlechteste Mensch jener, der nicht die Wahrheit hören und sehen will und nicht nachdenkt. Ein persischer Dichter sagte: »Im Denkvermögen liegt der Unterschied von Mensch und Tier«, und er führt weiter aus, daß eine Stunde Nachdenken über den Sinn der Religion wertvoller sei als das jahrelange Ausführen religiöser Rituale, ohne darüber nachgedacht zu haben. Deshalb betont der Islam das Recht, ja die Pflicht des Menschen zum Nachdenken, weil dies sein eigentliches Menschsein ausmacht. In einer prophetischen Überlieferung heißt es, daß der Mensch erst durch Denken seine menschliche Persönlichkeit entwikkelt, oder wie es in einem persischen Gedicht widerklingt: »O Mensch, du bist reiner Gedanke, sonst bestehst du aus Knochen und Haut; wenn dein Gedanke einer Blume gleicht, bist du wie ein Garten, und wenn dein Gedanke einem Dorn gleicht, so bist du wie Brennholz für den Ofen.« Die Menschlichkeit des Menschen steht also wie sein religiö-

[30] Sure 8, Vers 22.

ses Bewußtsein in direkter Beziehung zu seiner Vernunft. Der Prophet hat sogar ausschließend gesagt: »Wer keine Vernunft hat, der hat keine Religion.«[31]

Aber so, wie der Unvernünftige nicht richtig religiös sein kann, so darf aber auch die Religion nicht unvernünftig sein. Im Koran wird deshalb der Weg betont, der zu rationalem Denken und zur Vernunft führt. Es ist kein Zufall, daß Gott die Menschen in mehr als 300 Versen zum Denken einlädt. Je mehr die Religion diskutiert wird, desto offensichtlicher wird die göttliche Wahrheit sein, und anders ausgedrückt wird die Religion ihre rationale Anziehungskraft verlieren, wenn sie von den Menschen nur oberflächlich wahrgenommen wird. Der Prophet sagte: »Wehe denen, die den Koran lesen, aber nicht darüber nachdenken«[32], denn diese werden nicht viel davon haben, und der aus einem falschen Koranverständnis resultierende Schaden ist für den Gläubigen ungleich größer.

Leider ist die Denkkultur in den islamischen Gesellschaften gegenwärtig nicht vorbildlich. Wie kann man auf eine bessere Zukunft für die Moslems und den Islam hoffen, wenn die Moslems die Nachahmung der Erforschung vorziehen? Einen Augenblick nachzudenken ist wertvoller als 70 Jahre zu beten. Der persische Mystiker und Philosoph Mowlana Dschalal ad-Din Rumi schreibt dazu: »Schön gesagt hat es der Prophet: Ein wenig Verstand ist besser als Fasten und Gebet; denn das Wesentliche ist der Verstand, und die anderen beiden vervollständigt der Verstand.«[33]

Grundlage der Philosophie, der Offenbarung und der Entsendung der Propheten zu den Menschen ist, in den Worten von Imam Ali ibn Abi Talib, die Idee, daß die Menschen

---

[31] Bihar al-Anwar: Bd. 1, S. 94, Bab 1, H. Nr. 29.

[32] Sinng. Bihar al-Anwar: B. 66, S. 350, aus: Madschma al-Bayan: B. 2, S. 554.

[33] Mowlana Dschalal ad-Din Rumi: Mathnawi, Teheran 1994.

angeleitet werden sollen, in richtiger Art und Weise von ihrer Vernunft Gebrauch zu machen. Gott hat den Menschen Gesandte geschickt, damit sie das Recht Gottes nicht vergessen und ihre Zukunft mittels Argumentation und Beweisführung gottorientiert gestalten.[34]

Es gilt nun zu fragen, ob ein Recht denkbar ist, bei dem das Denken unter Strafe gestellt und der Denker bestraft wird? Welche Menschen können wirklich nach der Religion leben: etwa jene, über die der Koran sagt, daß sie dem folgen, was sie bei ihren Vätern vorgefunden haben[35] und deren Glaube auf Vermutung basiert? Es ist denkbar, daß es religiöse Menschen gibt, die den tiefen Sinn der Religion nicht verstanden und letztlich keine Zukunft haben. Die Zukunft der Religion jedoch ist klar, denn ihre Bedeutung steigt mit dem Verständnis der Menschen vom Sinn des Universums.

Den Widerspruch zwischen Vernunft und Religion haben jene verursacht, die mit wissenschaftlichen Erkenntnissen und Wahrheiten unverantwortlich umgegangen sind. Vernunft und Religion ergänzen sich, d.h., die Menschheit kann die Botschaft der Religion erst durch Denken besser verstehen und praktizieren. Ich wundere mich über jene, die in unserer Zeit leben und die Macht der Vernunft ignorieren. Die Stellung der Vernunft ist so hoch, daß einige Denker jede Tat, die von der Vernunft gutgeheißen wird, als gut ansehen. Die Vernunft macht das Wesen der menschlichen Existenz aus, und der unvernünftige Mensch gleicht einem Gedicht ohne Reim.

Nach Habermas ist die Entscheidung für einen unvernünftigen Weg ebenso zu rechtfertigen wie die Wahl eines vernünftigen Weges, da die Entscheidung für einen der beiden Wege nichts anderes als Wissen und Ethik zum Ausdruck bringt. Es steht für mich fest, daß solche Theorien auf Erfah-

---

34 Vgl. Nahdsch al-Balagha, Predigt 1, S. 6.

35 Vgl. Sure 2, Vers 170.

rung basieren. Wenn der Mensch keine neuen Fragen stellen würde, würden wir keine Fortschritte machen wie z.B. in der Technik und Wissenschaft. Diese Regel gilt insbesondere auch in der Philosophie, denn Philosophieren ist nichts anderes als ein kontinuierliches Infragestellen, und folglich ist die Philosophie eine Notwendigkeit des Lebens. Ausgrenzung von Gedanken und Vernachlässigung dieser menschlichen Fähigkeit kommt der Isolierung der menschlichen Existenz gleich.

Interessant ist, daß jede Art der Auseinandersetzung mit der Existenz der Vernunft letztlich die Notwendigkeit der Vernunft beweist. Man kann nur vernünftig an die Vernunft herangehen, und jede vernünftige Auseinandersetzung bewirkt eine Vertiefung derselben. Im Unterschied zur Vergangenheit gibt es heute in der Philosophie die vermehrte Bereitschaft zu geistiger Auseinandersetzung, die zur Blüte und Entwicklung der Philosophie beigetragen hat. Wenn mit dieser geistigen Auseinandersetzung verantwortlich umgegangen wird, wird das Ergebnis positiv und der Menschheit dienlich sein. Problematisch wird es jedoch, wenn diese Diskussion den Aspekt der Feindseligkeit annimmt, denn eine solche Diskussion kommt nur der Zeitvergeudung gleich.

Al-Kindi hat sich als erster islamischer Philosoph mit den Grundprinzipien der Philosophie beschäftigt. Seine und auch die in der Zeit von Ghazali geführten Diskussionen hätten den Moslems die besten Gelegenheiten zu einer Vertiefung der Thematik bieten können. Doch die Schriften gegen die Philosophie, wie z.B. ›Tahafut al-Falasifa‹ und die unvollständige Antwort von Ibn Ruschd darauf, bewirkten Unsicherheit und eine Ablehnung der Philosophie unter den Moslems. Hätte Ibn Ruschd seine Philosophie detailliert dargelegt und Ghazali widerlegt, hätten sich die Moslems viel intensiver mit der Philosophie beschäftigt.

Sicherlich spielte auch die Einflußnahme der damaligen politischen Herrscher eine wesentliche Rolle, die diese Atmosphäre zu ihrem Vorteil ausnutzten. Nach dieser Zeit wurden die Philosophie und die Philosophen in der islamischen Welt isoliert und unterdrückt, denn die politischen Akteure im 3. und 4. Jh. n. H.[36] hatten keinerlei Interesse an einer Aufklärung in der islamischen Zivilisation. Ein solch bitteres Geschehen, egal wann es geschieht, vernichtet die Logik der Philosophie, wenn nicht sogar jede Art von Wissenschaft, und verhindert geistige Erneuerung. Der Fortschritt und die Entwicklung der heutigen Philosophie ist das Ergebnis von Diskussionen. Philosophen wie Ibn Sina, Molla Sadra und Sohrawardi haben die philosophischen Diskussionen vertieft, und Ibn Sina hat in seinem Werk ›al-Ischarat wa at-Tanbihat‹ die Mystik und Logik des Islam miteinander verbunden.

Wer die Philosophie des Molla Sadra kennt, wird ebenfalls bestätigen können, daß seine Philosophie pluralistischer Natur ist, denn er verbindet verschiedene philosophische Ideen miteinander. Jeglicher Dogmatismus, künstliche Begrenzungen, die Bekämpfung der Logik usw. sind folglich mit der Welt des Denkens unvereinbar. Wir sehen heute, daß wir zur Erforschung der Wahrheit der Dinge auf alle wissenschaftlichen Disziplinen, die sich gegenseitig ergänzen, angewiesen sind. Wenngleich die Wissenschaften zwar sehr unterschiedliche Sprachen haben, beseitigen sie letztlich doch den Schleier der Wahrheit. Ein Erlernen der Wissenschaftssprachen verdeutlicht uns z.B. die Verbindung von Physik und philosophischer Argumentation. Wie könnte ein Mystiker jemals ohne Zuhilfenahme der Vernunft das Wesen des Universums verstehen, und wie könnte ein Philosoph ohne den Koran zum Gottesbeweis gelangen? Wir

[36] Datierung islamischer Zeitrechnung: nach al-Hidschra = der *Auswanderung* (der Moslems von Mekka nach Medina).

sehen, daß die Wissenschaften eng miteinander verbunden sind – warum sollte also ein vernünftiger Gedankenaustausch unter Denkern und Wissenschaftlern schwer sein?

Hinsichtlich der Meinungsfreiheit gilt: Solange unterschiedliche Meinungen nicht geäußert werden, wissen wir nicht, was die Wahrheit ist und was nicht. Meinungsfreiheit ist die Voraussetzung für das Denken. Rumi sagt: »Der Mensch ist unter der Zunge versteckt, und diese Zunge ist für den Menschen ein Vorhang.«[37] Sprache birgt viele Geheimnisse der Menschheit in sich, und wie ein offenes Fenster kann sie den Blick auf die Gedanken und Hauptakteure der Diskussionen freigeben oder aber, wenn sie unverantwortlich benutzt wird, große Fehler bewirken. Wenn mit dem Recht auf Meinungsfreiheit unvernünftig und ungerecht umgegangen wird, ist es für alle schädlich. Rumi sagt weiter: »Die Sprache ist wie ein Stein, ein Stück Eisen. Was sie verursacht, gleicht einem Feuer, und ein Wort kann eine Welt vernichten.«[38]

Ein Wort gleicht einem Pfeil, der viele Menschen verletzen kann. Mittels Sprache kann man die Wahrheit in Unwahrheit verkehren und umgekehrt. Deshalb sollte die Sprache immer ein Mittel der Vernunft sein. Das bedeutet aber nicht, daß man alles sagen kann, weil der Zuhörer vernünftig sein soll, denn der Mensch ist kein Gott, der die geheimen Absichten der Menschen kennt. Auf diesen Aspekt verweist Rumi in seiner Geschichte von Moses und dem Hirten: »Ich achte nicht auf das Äußere oder was sie sagen, sondern nur auf das, was sie in ihren Herzen tragen.«[39]

Kurz gesagt möchte ich zwei Pflichten des Menschen hervorheben: Erstens sollte er seine individuellen Wünsche äußern und Rechte beanspruchen, zweitens dabei jedoch die

---

37 Mathnawi.

38 Mathnawi.

39 Mathnawi.

Wünsche und Rechte der Gesellschaft nicht verletzen. Nach meinem Verständnis vom Koran kann ich Freiheit nicht als ein menschlich verliehenes Recht verstehen; ich habe keine andere Definition für den Menschen als Freiheit, d.h., der Mensch ist wesenhaft frei. Und wie kann man ohne Freiheit von einer Identität als Mensch sprechen?

Wenn man den Menschen seiner Freiheit beraubt, hat man ihm seine Identität genommen, weil die Grenze der menschlichen Identität im Vergleich zu anderen Lebewesen eben genau diese Freiheit ist. Deshalb ist Freiheit nicht das Recht des Menschen, sondern er selbst. Wenn dies so nicht im Koran erwähnt, dafür aber der Despotismus so oft verurteilt wurde, dann wohl deshalb, weil Freiheit etwas Apriorisches und Evidentes ist, wie z.B. die Luft zum Atmen und Leben des Menschen, die ebenfalls so nicht erwähnt werden. Freiheit ist kein religiöses Geschenk, das die Religion definiert oder gefährdet, und es ist auch keine Erfindung nichtreligiöser Gesellschaften, die religiösen Gesellschaften geschenkt werden soll, sondern eine Unabdingbarkeit, die mit der Identität der menschlichen Existenz einhergeht. Man kann die Freiheit des Menschen einschränken, wenn die Argumente dafür schwerwiegender sind als zu ihrer Erhaltung. Ich kenne aber kein derartiges Argument, und wer ein solches Argument kennt, der soll mir dies kundtun. Wir lesen im Koran: »Und kein Prophet darf (etwas) unterschlagen. Und wer (etwas) unterschlägt, soll das, was er unterschlagen hat, (zu seiner eigenen Belastung) am Tag der Auferstehung bringen.«[40]

Ergo darf kein Prophet einen Menschen zu einer bestimmten Idee zwingen, oder genauer gesagt, dessen Freiheit in Ketten legen. Es heißt ganz im Gegenteil dazu im Koran: »Und er nimmt ihnen ihre Last hinweg und die Fesseln, die

[40] Sure 3, Vers 161.

auf ihnen lagen.«[41] Demnach hat Gott die Propheten entsandt, damit die Rechte und die Freiheit des Menschen gedeihen können und bewahrt werden. Es ist nicht die Absicht der göttlichen Botschaft, die Menschen zu Hause festzusetzen und ihre innovativen Ideen und Gedanken in Ketten zu legen. Deutlich heißt es: »...und du hast keine Gewalt über sie...«[42], d.h., du bist nicht der Herrscher über den Willen der Menschen, so daß sie annehmen müssen, was du sagst. Du bist nicht nur kein Herrscher, du bist auch kein Vertreter der Menschen, so daß du für sie wählst oder nicht wählst: »...Wir haben dich weder zu ihrem Hüter gemacht, noch bist du ihr Wächter.«[43]

Das heißt, du bist kein Vertreter der Menschen, weil sie selbst leben und Verstand haben. Du kannst ihnen die göttliche Botschaft kundtun, sie aber können wählen. »Du hast aber keine Macht über sie«[44], d.h., du beherrschst sie nicht. Was geschieht jedoch wenn sie ablehnen? »Kehren sie sich (vom Glauben) ab, so haben Wir dich nicht als deren Wächter entsandt...«[45], d.h., du kannst sie auch nicht bevormunden: »Willst du denn die Menschen dazu zwingen, Gläubige zu werden?«[46]

Der Koran heißt Zwang niemals gut, und es ist auch nicht die Absicht Gottes, daß die Menschen um jeden Preis gläubig werden, wie der Koran klar feststellt: »Und hätte dein Herr es gewollt, so hätten alle, die insgesamt auf der Erde sind, geglaubt.«[47] »Und sprich: ›Es ist die Wahrheit von eurem Herrn.‹ Darum laß den gläubig sein, der will, und

---

[41] Sure 87, Vers 157.
[42] Sure 50, Vers 45.
[43] Sure 6, Vers 107.
[44] Sure 88, Vers 22.
[45] Sure 42, Vers 48.
[46] Sure 10, Vers 99.
[47] Sure 10, Vers 99.

den ungläubig sein, der will.«[48] Also hat der Prophet die Aufgabe, die göttliche Wahrheit kundzutun, den Menschen aber steht es frei, sich dafür zu entscheiden oder nicht. Deshalb hat die Einschränkung der Freiheit des Menschen im Islam keine religiöse Rechtfertigung; vielmehr verurteilt der Koran jeglichen Despotismus.

Wie sollte man also die Ansicht vertreten, der Koran oder der Prophet, dem der Koran offenbart wurde, würden die Freiheit des Menschen beeinträchtigen? Wie könnten wir religiös rechtfertigen, als religiöse Menschen über die Akzeptanz oder Ablehnung der anderen wachen zu müssen? Wenn es eine reine Wahrheit gibt – und die gibt es meiner Meinung nach –, wie kann man dann mit eingeschränkter Freiheit zu dieser Wahrheit gelangen? Ist es denn logisch und vernünftig, im tosenden Meer mit geschlossenen Händen zu schwimmen?

Wenn die menschliche Freiheit auf dem Gebiet der Forschung beim Beschreiten des unbequemen Weges der Selbsterkennung und Menschwerdung eine Gefahr wäre, dann sollten uns Gott und gleichermaßen die großen religiösen Persönlichkeiten davor warnen. Hierzu gibt es jedoch keine Koranverse oder Überlieferungen, sondern es wird im Gegenteil dazu gesagt: »Gib denn die frohe Botschaft Meinen Dienern; es sind jene, die auf das Wort hören und dem besten von ihm folgen.«[49]

Auch Imam Ali hat betont: »Der Mensch ist nicht als Gefangener auf die Welt gekommen, und die Menschen sind alle frei.«[50] Von Imam as-Sadiq ist überliefert: »Die Menschen sind alle frei, außer jenen, die die Freiheit nicht wollen.«[51] Imam Ali riet seinem Sohn für alle Zeiten: »Sei nie-

---

[48] Sure 18, Vers 29.

[49] Sure 39, Vers 17, 18.

[50] Al-Kafi: Bd. 6, S. 195, Bab Nawadir, H. Nr. 5.

[51] Wasa'il asch-Schia, Bd. 16, S. 29.

mals der gefangene Diener der anderen, denn Gott hat dich frei erschaffen.«[52] Demnach ist der Garant der menschlichen Identität die Freiheit. Wenn der Islam den Moslems empfiehlt, die Kaaba zu umkreisen, d.h. das Haus der Freiheit[53], dann ist diese rituelle Zeremonie eine Übung für den Muslim, dessen Gedanken einzig und allein um dieses Symbol der Freiheit kreisen sollen, wie es in einem Gedicht heißt: »Die Kaaba ist nur ein Zeichen, damit der Weg zum Ziel führt und das Ziel nicht verlorengeht.«

Die Abweichung vom Weg der Freiheit führt zur Gefangenschaft. Jeder Fortschritt im wissenschaftlichen, künstlerischen, ökonomischen, moralischen und jedem anderen Bereich kann nur im Einklang mit Freiheit realisiert werden. Wer dem Menschen Freiheit vorenthält, der verhindert, daß die göttliche Veranlagung des Menschen realisiert wird – und das ist ein Unrecht am Menschen.

Die mangelnde Gedankenfreiheit in den religiösen Gesellschaften zerstört allmählich den Glauben der Menschen, und dadurch werden Werte wie z.B. Reinheit, Tapferkeit, harmonische Identität usw. verschwinden und sich Unwerte wie Zweigesichtigkeit, Heuchelei usw. verbreiten. Zweifellos ist die Freiheit eine Notwendigkeit für den Menschen, und wenngleich er ein gesellschaftliches Wesen ist, bedarf er der individuellen Freiheit ebenso, wie er Wasser oder Luft zum Leben braucht. Es gilt, verantwortlich mit der Freiheit umzugehen, damit sie nicht mißbraucht wird oder zur Gefahr wird, wie z.B. vergiftetes Wasser oder vergiftete Luft. Nach Tocqueville ist die Religion ein Garant der Freiheit, wie auch die Freiheit eine definitive Bedingung für eine lebendige Religion ist. Wenn der Mensch die von den Weltgesellschaften und Religionen anerkannte Freiheit ignorieren will, wird er sich ernsthaften Problemen gegenüberse-

---

52 Nahdsch al-Balagha, Brief 31.

53 Vgl. Sure 22, Vers 29.

hen - auch in unserer Epoche, in der viele Mächte ihre Macht mißbrauchen oder von einer machiavellistischen Freiheit sprechen, die letztlich der individuellen und gesellschaftlichen Identität widerspricht.

1. 3. Mensch und universelle Theologie

Als John Hick, der berühmte englische Philosoph, von universaler Theologie sprach, standen zahlreiche Denker dieser These skeptisch gegenüber. Auch heute ist die Situation genauso. Diese These könnte jedoch in mancherlei Hinsicht von Nutzen sein. Nachdem ich mich mit den Gedanken von John Hick auseinandergesetzt habe, war der erste Gedanke, der mir in den Sinn kam: »Warum nicht?« Ich sah darin eine Herausforderung, die Haltung der Skeptiker als unbegründet zu verwerfen.

Warum sollte es nicht möglich sein, durch Erzielung eines gemeinsamen Standpunktes dazu, was letztlich doch als Hauptsubstanz und Kernbedeutung der Weltreligionen gilt, den Weg zu einer gemeinsamen religiösen Koexistenz ohne jegliche Verstimmung zu ebnen? Welche Religion der Weltreligionen kann ihre Auslegung der Religiosität für die absolut richtige halten? Gehören wir zu denen, die von sich behaupten, sie seien die einzigen, die es verdienten, die Wahrheit zu verstehen und übermittelt zu bekommen, am besten gleich auch noch die absolute Wahrheit? Und sind andere von diesem Privileg ausgenommen? Oder glauben wir, daß auch andere die Kapazität und Berechtigung zum Erhalt der Wahrheit innehaben?

Zu der selbstverherrlichenden Gruppe zu gehören heißt, in einer Einbahnstraße zu fahren. Die Auseinandersetzung mit einer solchen Gruppe hat nicht nur keinen Sinn und bringt keine Vorteile, sondern verschwendet auch das kostbarste Gut aller Güter, nämlich Zeit.

Es wird erzählt, daß ein Dorfbewohner mit seinen Esel in die Stadt einkaufen ging und bei der Rückkehr ein Taxi bestieg. Der Taxifahrer fragte: »Was machen Sie nun mit Ihrem Esel?« Der Dorfbewohner sagte: »Er wird uns folgen und mit uns Schritt halten, machen Sie sich keine Sorgen um ihn.« Der Taxifahrer fuhr 20 km/h, das Tier machte mit, er erhöhte seine Geschwindigkeit, der Esel beschleunigte auch. Der Fahrer erhöhte seine Geschwindigkeit auf 120 km/h und beobachtete, daß das Tier zwar Schritt hielt, aber durch den eintretenden Schwindel ständig seinen Kopf hin und her bewegte. Der Fahrer sagte zu dem Eselbesitzer: »Sehen Sie, wie übel es dem Tier doch geht, ich sagte doch, daß das arme Tier es nicht aushält!« Der Dorfbewohner, der an seinem Esel mehr glaubte als an das Taxi, sagte zu dem Fahrer: »Machen Sie sich keine Sorgen, ich kenne meinen Esel, Sie aber verstehen seine Sprache nicht. Wenn er seinen Kopf hin und her schwenkt, so will er uns nur zu verstehen geben, daß Sie mal zur Seite gehen sollen, damit er Sie überholen kann!«

Der Fall eines Menschen, der sich im Recht sieht und an Selbstverherrlichung leidet, ähnelt der Geschichte des Mannes, der einem Esel, weil er ihm gehört, mehr zutraut als einem Wagen, der einem anderen gehört. Der Dörfler erkennt wenigstens die Existenz des Wagens an, wodurch ein Wettbewerb mit seinem Esel möglich war. Bei Menschen, die an der Krankheit der Selbstverherrlichung leiden, existiert nicht einmal die Vorstellung eines Wettbewerbes. Der persische Dichter-Philosoph Hafez sagte in diesem Zusammenhang: »Denn sie sahen nicht die Wirklichkeit, so beschritten sie den Weg der Einbildung!«[54] Der gleiche Inhalt wird durch den Koran bestätigt: »Von denen, die ihren Glauben gespalten haben und zu Parteien geworden sind – jede Partei freut sich über das, was sie bei sich hat!«[55]

54 Diwan Hafez.

55 Sure 30, Vers 32.

Aus Sure 11, Vers 118 geht hervor, daß Gott die Wahrheit nicht ausschließlich einer bestimmten Gruppe zuerkannt hat: »Und wenn dein Herr gewollt hätte, hätte er die Menschen zu einer einzigen Gemeinschaft gemacht. Aber sie sind immer noch uneins.«[56] Die Tatsache, daß dem nicht so ist, ist also ein deutliches Zeichen dafür, daß er dies auch nicht gewollt hat. Denn es ist unbestritten, daß im Reich der Schöpfung Gottes eine Nichterfüllung des Gewollten undenkbar ist. All diejenigen, die unter Pflege des toleranten Denkens von derartigen illusionistischen Haltungen Abstand nehmen, wählen damit einen gemäßigten, auf Erkenntnis basierenden Weg.

Ein unbewußter Glaube kann niemandem in schwierigen Situationen aus dem Übel heraushelfen. Ein bewußter Glaube hingegen kann uns im turbulenten Leben Würde und Wohl zusichern. Nur ein verwundbarer Glaube hat stets Furcht vor Angriffen und betrachtet alles außer sich als fremd und bekämpfenswert, und ständig ist er besorgt; anstatt zu versuchen, das »Fremde« im Blickfeld der Religionsvielfalt zu begreifen. Der bewußte Glaube steigert das Selbstvertrauen im Menschen, nimmt Ängste und ermöglicht ihn seine Probleme angemessen zu lösen.

Wenn wir in der Geschichte der (religiösen) Auseinandersetzungen die Ursachen der Spaltungen unter den Religionen studieren, so kommen wir zu dem Ergebnis, daß viele dieser Vorkommnisse ihre Wurzeln im Egozentrismus als Produkt dieses unreflektierten Glaubens haben und in der Phantasievorstellung, daß nur der eigene Glaube heilig und wahrhaftig sei. Selbst das Erreichen einer hohen Glaubensstufe ist kein Monopol von bestimmten Individuen oder Gesellschaften. Gott hat keinem Menschen, der es verdient hätte, diese wertvolle Gabe vorenthalten. Solch ein Vorenthalten wäre weder mit dem Inhalt des Korans, des Alten

[56] Sure 11, Vers 118.

und des Neuen Testaments vereinbar, noch paßte es zu den Überlieferungen, aber auch nicht zum logischen und auf die Vernunft bezogenen Verständnis.

So wird aus den unumstrittenen Texten der Religionen keine Aufhebung einer offenbarten Religion durch die Nachfolgereligion hergeleitet, eher das Gegenteil. Wäre das so, was hätte dann z.B. im Koran das Herbeirufen der Völker der Schriften zu einem »gleichen Wort« für einen Sinn? »Sag: Ihr Leute der Schrift! Kommt her zu einem Wort des Ausgleichs zwischen uns und euch! (Einigen wir uns darauf), daß wir Gott allein dienen und ihm nichts (als Teilhaber an seiner Göttlichkeit) beigesellen und daß wir (Menschen) uns nicht untereinander an Gottes Statt zu Herren nehmen. Wenn sie sich aber abwenden«, dann sagt: »Bezeugt, daß wir Gott ergeben (Moslems) sind!«[57]

Welche Notwendigkeit liegt in der Bestätigung früherer Religionen? Weshalb überhaupt so viele Bestätigungen, Belobigungen und Hinweise auf frühere Religionen?[58] Die Notwendigkeit einer friedlichen Koexistenz aller Religionsgemeinschaften benötigt, da sie selbstverständlich ist, weder eine Rechtfertigung noch eine theologische Begründung.

Hick versucht, die Religionen von allem, was nicht monotheistisch ist, wegzuschieben. Hier kritisiere ich ihn deshalb, weil ich mich frage, weshalb wir unsere guten Absichten durch unrealistische und nichtverwirklichbare Vorhaben verfolgen sollten? Hick beachtet nicht die Tatsache, daß sich Religionen ohne ihre Besonderheiten in ihrer Existenz eingeengt fühlen. Da die Vielfalt der Essenz und Natur der Schöpfung innewohnt und erst mit Beisetzung der Schöpfung diese Vielfalt verschwindet, sollte man nicht in diesem Leben das Ende dieser Mannigfaltigkeit erwarten. Der Koran zeigt ein klares Bild von der Mannigfaltigkeit und Viel-

---

[57] Sure 3, Vers 64.

[58] Sure 5 Vers 82-84; 43-48, Sure 2 Vers 62.

falt auf: »O ihr Menschen, Wir haben euch ja von einem männlichen und einem weiblichen Wesen erschaffen, und Wir haben euch zu Völkern und Stämmen gemacht, damit ihr einander kennenlernt. Gewiß, Gott ist allwissend und allkundig.«[59]

Dieser Vers macht uns auf die beste Art und Weise vertraut mit dem Weg, tatsächliche Herzensgüte und Harmonie zu erzielen und glücklich zu werden. Dort wird der Mensch mit Betonung der Unumgänglichkeit der Verschiedenheiten zu gegenseitigem Verständnis, Respekt und zur Unterlassung all dessen, was als Gegensatz zu unserer menschlichen Identität steht, angeregt. Ferner wird die Glückseligkeit nicht als Eigentümlichkeit eines Individuums oder einer Volksgruppe anerkannt und als alleiniger Grund zur Erzielung der Nähe Gottes und Erlösung betrachtet. Somit bin ich unter Zuhilfenahme dieses Verses sogar gewillt zu sagen: Wenn wir eine Welttheologie verwirklichen wollen, so können wir auf nichts anderes als auf »gute Taten« setzen.

Wenn alle Menschen, sich ihrer hochwertigen und edlen Menschlichkeit bewußt, an nichts anderes als an »gute Taten« denken und nicht im Sumpf der auf Unwissenheit basierenden Prahlerei versinken, könnten sich alle, unter Beibehaltung aller kulturellen, religiösen Eigenheiten und Unterscheidungsmerkmale, den Karawanen der Glückseligkeit anschließen. Im ganzen akzeptiere ich die Idee von John Hick, bin jedoch mit der Methodik der Verwirklichung dieser Idee nicht einverstanden, denn die Folge ist eine ununterbrochene Entartung. Das grundsätzliche Problem in bezug auf die Religionen ist der Gegensatz zwischen Vielfalt und Wahrheit, jenes Problem, das Selbstverherrlichung nach sich zog, so daß viele, die gleiche Anschauungen hatten, in manchen Fällen einander feindlich gesinnt wurden.

---

59 Sure 49 Vers 13.

Vielfalt birgt die Frage in sich, wer die eine Wahrheit verkündet. Da hört man in unterschiedlichen Sprachen die zutreffende Behauptung, Wahres zu behaupten, und begegnet so der Wahrheitsvielfalt. Das Problem beginnt dort, wo manche durch die Beanspruchung absoluter Wahrheit auf ihrer Seite die andere als unwahr herabsetzen.

John Hick kann man als einen aufgeklärten Theologen bezeichnen, der diesbezüglich zu besseren Schlußfolgerungen gelangt ist und trotz Schwierigkeiten seine Erkenntnisse bekannt machte. Er bestätigte die Natürlichkeit und Richtigkeit, die Vielgestaltigkeit der Religionen, indem er die These der religiösen Vielfalt neben einer Reihe von Begriffen wie theologischer und ideologischer Pluralismus verbreitete und auf die Berechtigung jeder einzelnen Religion deutlich hinwies. Außerdem bekundete er seine Abscheu vor denen, die selbstgefällig die religiöse Vielfalt nicht anerkennen. Hick setzt die Gottbezogenheit voraus und rät von einer Jesusbezogenheit ab. Nach seiner Überzeugung sprechen alle Religionen vom gleichen Gott, der im Mittelpunkt steht; auf diese wichtige Tatsache weist er in seinem Werk ›Die Auslegung der Religionen‹ ausführlich hin.

Im Gegensatz zu zahlreichen dogmatischen Theologen hält er Glückseligkeit und Erlösung nicht ausschließlich im Schoß einer bestimmten Religion für erreichbar. Er stellt Religionen als unterschiedliche Wege zur Erreichung des Heils dar. Einige Religionswissenschaftler verhalten sich, als wären sie die Träger der Rechtmäßigkeit der eigenen Religion. Andersgläubige werden grundlos getadelt, nur weil sie nicht der gleichen Religion angehören. Unter den Moslems, Juden und Christen gibt es Vertreter dieser Ansicht. Freilich hat diese Anschauung mit dem Wesen und Inhalt der Weltreligionen nichts gemein, sondern ist überwiegend auf die Einbildungen religiöser Menschen zurückzuführen, wie z.B. »Ich verstehe das besser als andere« – »Wahrheit und Realität sind genau das, was ich behaupte« – »Wer so denkt wie ich, hat recht und wer anders denkt, ist auf dem falschen

Weg« – »Der einzige Weg zur Glückseligkeit sind mein Weg und meine Überzeugung.«

Die offensichtliche Ungültigkeit solcher Behauptungen ließ manche Wissenschaftler eine etwas mildere Anschauung, nämlich die vom »umfassenden Glauben«, entwickeln. Nach Meinung dieser Gruppe ist es nicht so, daß andere Religionen nicht in den Genuß der Wahrheit gekommen sind, aber obwohl sie der Wahrheit verbunden sind, werden sie, weil ihre Erkenntnis nicht rein ist und nicht von der Urquelle stammt, als sekundäre Glaubensformen betrachtet, die einen niedrigeren Rang besitzen. Dieser Gedanke ist im Westen vor allem mit dem Namen Karl Rahner, einem katholischen Wissenschaftler, verbunden. Eine Vielzahl katholischer Denker ist der Überzeugung, daß der Weg Jesu der alleinige ist, der zum Heil führt, und leugnet es nicht, daß in anderen Religionen an einen Schatten des Messias im Verborgenen sowie den anonymen Messias geglaubt wird. Mit anderen Worten glaubt diese Gruppe der Religionswissenschaftler, daß der primäre Rettungsweg eben der Weg des Christentums ist und andere Wege – obwohl sie einige Privilegien der Christlichkeit genießen – alle als sekundäre anzusehen sind, und spricht ihnen weder Glückseligkeit noch Erlösungskraft zu.

Die Problematik dieser These trotz ihrer Modifizierung ist nicht weniger leicht zu erkennen. Gewiß ist, daß diejenigen auf der Welt, die nur an sich selbst und an die aus der eigenen Reihe glauben, an Egozentrismus leiden. Es hat einmal jemand behauptet, da, wo er sich aufhalte, sei exakt der Mittelpunkt der Erde. Als er nach seiner Begründung gefragt wurde, meinte er, wer ihm nicht glaube, solle es ausmessen, um sich davon zu überzeugen. Die Ptolemäer haben, dem Himmel sei Dank, wenigstens die Erde als Mittelpunkt des Universums betrachtet.

Der heutige Mensch ist bei weitem nicht der Mensch, von dem Einfühlungsvermögen erwartet wird. Es genügt einen

Blick auf die Situation der Theologen, Missionare und der Philosophen zu werfen: Wieviel Prozent der Weltbevölkerung befolgen tatsächlich ihre Lehren und Weisungen? Wieviel Prozent von denen, die sie befolgen, verstehen diese Weisungen? Wie viele derer, die sie verstehen, halten sie für richtig? Und ob aus ihrer Sicht all das, was die Theologen behaupten, im Einklang mit den Gegebenheiten unserer Zeit gesehen wird? Und letztlich muß gefragt werden, wie viele von denen, die es für vereinbar mit den Realitäten erachten, sich diesem tatkräftig widmen? Wenn wir uns darüber klargeworden sind, werden wir begreifen, daß die heutige Generation bedauerlicherweise diese Erörterungen, welche von der Heiligsprechung einiger Ideen und der Verdammung anderer Ideen begleitet werden, satt hat.

In diesem Zusammenhang ermahne ich: Wenn die Anhänger der Religionen, insbesondere die Elite der Theologie, ihrer Verpflichtung zur Erkenntnis der einheitlichen Essenz der Religionen nicht gerecht werden, wird es morgen für alle zu spät sein. Wenn man zu einem logischen und realistischen Verständnis seiner Epoche gelangen und die Verpflichtung der Religionen der Menschheit gegenüber erkennen will, so hat man keine andere Wahl, als dies über einen effektiven Dialog und ein die Gemüter verbindendes Studium der Situation zu versuchen. Es versteht sich von selbst, daß weit entfernt von einer voreiligen Beurteilung der Verschiedenartigkeit alles Erdenkliche zur Herauskristallisierung der Essenz der Religionen unternommen werden sollte. Wir besitzen weder den Schlüssel zum Glück oder Paradies noch zum Unglück oder zur Hölle, deshalb sind wir nicht befugt, über die Aufteilung der Menschen in Erlöste und Verdammte im Jenseits zu entscheiden und diese Oase des Glücks der Menschen diesseits durch unbegründete Meinungsverschiedenheiten, von Unverständnis herrührende Auseinandersetzungen und eine falsche Interpretation der Religion in Brand zu stecken.

Die Repräsentanten der Religionen können, mit Hilfe ehrlicher und intensiver Gespräche, entscheidende Schritte zur Rettung aller gottergebenen Religionsanhänger vor Entfremdung oder gar Feindseligkeiten leisten. Wenn ich das größte Hindernis auf dem Wege eines interreligiösen Dialogs beim Namen nennen soll, so muß ich auf die Unredlichkeit derer hinweisen, die zwar den Begriff ›Dialog‹ bei ihren Auftritten oder in ihren Stellungnahmen als ein modernes und nützliches Mittel zum gegenseitigen Verstehen anführen, in ihren Taten jedoch zeigen, daß sie entweder gar nicht daran glauben oder keinen ernsthaften Schritt zur Verwirklichung des Dialogs machen wollen.

Wenn wir uns wieder der Religion zuwenden und ihre Botschaften von neuem analysieren, wird sich zeigen, daß die Religion die Menschen niemals zu Untaten und unlogischen oder unmenschlichen Handlungen motiviert. Sie wird die Wahrheit nicht zum Gefangenen einer bestimmten Gruppe machen und verschließt nicht einer bestimmten Gruppe das Tor zum Glück und Heil, degradiert sie nicht zu Verdammung und Heillosigkeit, nur weil sie andere Traditionen und Gewohnheiten hat. Wäre die religiöse Pluralität inakzeptabel und unlogisch, hätte Gott keine unterschiedlichen Religionen zu verschiedenen Zeiten herabgesandt. Wenn hierzu gesagt werden sollte, in diesem Fall entstehe eine Vielfalt an Wahrheiten, was logisch unmöglich ist, meine ich: Wer behauptet, daß die religiöse Vielfalt zur Wahrheitsvielfalt führen würde? Wir sind uns doch darin einig, daß die Religionen alle eine einzige Essenz und Wirklichkeit haben.

Die Wahrheit besitzt in jeder Zeit und unter jeder Bedingung eine entsprechende Form, so daß sich diese Formen ergänzen, ohne sich gegenseitig im Wege zu stehen. Wir sind nicht mit einer unbeweglichen Wahrheit konfrontiert, sondern mit einer flüssigen und beweglichen Wahrheit, die am Horizont der Zeit und des Raumes wahrnehmbar ist.

Diese Wahrheit wird allen Stufen der menschlichen Vollkommenheit gerecht, und unter Berücksichtigung der unterschiedlichen Veranlagungen und veränderbaren Fähigkeiten der Menschen bedient sie sich zum Dialog mit ihnen nicht der Sprache des Alles oder Nichts. Der Gott dieser Wahrheiten ist sich der abgestuften Fähigkeiten der Menschen bewußt. Er wird keinem über seine Möglichkeiten hinaus etwas aufzwingen.[60] Also geht es weder um eine unbeständige Wahrheit noch um die Verschmelzung der Religionen ineinander, noch um Verzicht auf ihre Lokalitäts- und Kausalitätsbesonderheiten. Vielmehr geht es um die natürliche Einheit der Religionen, die in unterschiedlichen Erscheinungsformen die Menschheitskarawane zu der einheitlichen Wahrheit führen wird.

Alle, die die Notwendigkeit eines Phänomens namens Religion für das menschliche Leben erkannt haben und glauben, daß ein gesundes, heilsames und fröhliches Leben im Schatten der Religion möglich ist, sollen berücksichtigen, daß jene Religion, die sich um das Menschliche kümmert, die interpretierbar und vertraut ist, auch in der Lage ist, ein erfülltes Leben zu ermöglichen. Hingegen kann eine Religion, die mit den Empfindungen der Menschen nicht im Einklang steht, die sich in die Ecke der Absolution zurückgezogen hat und die überschattet ist von aufgezwungenen Auseinandersetzungen und sinnlosen Streitigkeiten, die den Handlungsweisen ungerechter Menschen entspringen, ihren Anhängern kein Heil bringen. Religion und Glaube sind nicht dafür da, daß daraus Götzen entstehen, in deren Dienst die Menschen zu bringen sind. Es ist die Religion, die, wenn sie richtig verstanden wird, zur Erfüllung materieller sowie immaterieller Wünsche der Menschen im Dienste der Gesellschaft sein wird.

---

[60] Sure 2, Vers 286.

Haben unsere Gedanken irgend etwas mit der Relativitätstheorie gemeinsam? Es ist möglich, daß manche behaupten werden, meine Ausführungen beeinflußten andere Darstellungen der Relativitätstheorie. Damit dieses Mißverständnis nicht entsteht, halte ich es für dringend erforderlich zu sagen, daß ich keine Relativität predige, sondern nur auf die Möglichkeit hinweise, Erkenntnis über die flexible Wahrheit zu erlangen, wobei diese Wahrheit kausal, lokal und konditional aus unterschiedlichen Blickwinkeln beleuchtet und analysiert werden soll. Die Relativitätstheorie, die durch Protagoras ihren Anfang nahm und mit Gedanken von Baren, Kohn und Harald Brown etc. fortgesetzt wurde, basiert auf der Behauptung: Der Mensch ist unfähig, eine beständige Erkenntnis zu erlangen.

1. 4. Persönlichkeitsbildung des Menschen

Nach dem Islam hat Gott dem Menschen die Gaben verliehen, die es ihm möglich machen, sich eine ausgeglichene und starke Persönlichkeit anzueignen. Er hat ihm den geraden und rechten Weg zu Beständigkeit und Rechtleitung gewiesen, indem er ihm alles offenbart hat, was Einfluß auf die Bildung einer menschlichen und gottergebenen Persönlichkeit hat. Dabei hat er dem Menschen selbst die Wahl überlassen. So benutzt er den geliehenen Willen entweder dazu, den rechten oder aber den krummen Weg zu wählen. »Wahrlich, Wir leiteten ihn den Weg; entweder ist er dankbar, oder er ist undankbar.«[61]

Doch der Wille allein reicht nicht aus. Mehr noch benötigt der Mensch einen genauen Plan, nach dem er sich im Umgang mit Gott, mit sich selbst und im Umgang mit seiner Umgebung orientieren kann. Und genau das ist das Anliegen der islamischen Lehre. Der erste Schritt, den der Mensch im Islam macht, ist, daß er sein Verhältnis zu Gott erkennt,

---

[61] Sure 76, Vers 2.

bestimmt und festigt. Diesbezüglich sagt der Koran: »Diejenigen jedoch, die an Gott glauben und an ihm festhalten, die wird er in ein Erbarmen von ihm führen und zu einem Vorzug, und er leitet sie recht zu ihm auf einem geraden Weg.«[62]

Und Imam Ali soll gesagt haben: »Der Mensch ist (das, was er ist) durch seinen Glauben.«[63] Und Imam as-Sadiq führt dementsprechend aus: »Er ist es, Der den Seelenfrieden in die Herzen der Gläubigen herabsandte: Dies eben ist der Glaube.« Und über die Worte Gottes: »Und er stärkte sie mit einem Geist von Ihm« sagte er: »Dies eben ist der Glaube.« Und über die Worte Gottes: »Und er machte für sie das Wort der Ehrfurcht verbindlich« sagte er: »Dies eben ist der Glaube.«[64]

Das heißt, der Glaube ist das grundlegende und regelnde Fundament, auf dem das Gerüst der Persönlichkeit aufbaut. Aus diesem Grunde ist es das Verlangen und Bestreben des Islam, den Menschen im richtigen Glauben zu erziehen, um Menschen hervorzubringen, die die Botschaft Gottes bis ins Mark ihres Daseins und in allem, was sie tun oder lassen, leben und verkörpern. Der Islam verlangt darum vom Menschen, daß er mit sich selbst und mit den anderen Wesen aufrichtig und gerecht verfährt. Doch dafür braucht der Mensch Geduld und Standhaftigkeit. Und die findet er im Glauben: »So verzagt nicht und betrübt euch nicht. Ihr seid die Höchsten, wenn ihr Gläubige seid.«[65]

Der zweite Faktor ist das Handeln. Es besteht eine starke und feste Beziehung zwischen dem Glauben und der Tat. Der Glaube verlangt Taten, und der eigentliche Wert der Taten wird vom Glauben bestimmt. Imam Ali sagte: »Der

---

62 Sure 4, Vers 175.
63 Ghurar al-Hikam, Seite 15.
64 Usul al-Kafi, Bd. 2, Seite 13.
65 Sure 3, Vers 139.

Glaube und die Tat sind zwei vertraute Zwillingsbrüder, die sich niemals trennen. Gott erkennt den einen nicht ohne den anderen an.«[66]

Und von Imam as-Sadiq heißt es: »Der Glaube wird nicht durch Kleider und nicht durch Wünsche verwirklicht. Der Glaube ist vielmehr das, was in den Herzen an aufrichtiger Intention ist und was die Taten, die darauf folgen, bestätigen.«[67] Davon ausgehend läßt sich nun sagen, daß, wann immer der Mensch ohne den fest gründenden Glauben in die Öffentlichkeit, den Vordergrund oder den Bereich des Handelns tritt, dieser nicht im Interesse des Islam und auch nicht wirklich für den Islam handelt, sondern die Erfüllung seiner egoistischen und selbstsüchtigen Wünsche anstrebt.

Der dritte Faktor ist die umfassendere Kenntnis und die kulturelle Struktur der Person. Das Erlangen einer ausgeprägten Kenntnis, einer Bildung und eines kulturellen Anspruchs ist eine Selbstverständlichkeit. Dieser Faktor spielt im Leben des Menschen eine entscheidende, das Schicksal bestimmende und grundlegende Rolle, zumal die Persönlichkeit des Menschen, die dadurch mitbestimmt wird, den Menschen selbst ausmacht. Sie ist demnach kein Kleid, das er nach Lust und Laune ablegen kann.

Zusammengefaßt gibt es bei der Persönlichkeitsbildung des Menschen drei Hauptfaktoren: Glaube, Tat und Verständnis. Gott hat den Menschen mit der Eigenschaft der freien Wahl erschaffen. Aus diesem Grund benötigt der Mensch Ermahnung und Führung, um zur Wahl des Rechten und Gerechten erzogen zu werden. Der Mensch ist verpflichtet, diese beiden Dinge zu beachten, um sich und seine Seele sowie die Gesellschaft erziehen zu können. Mit der Einsicht, daß man die oben genannten Dinge im Leben benötigt, stellt sich die Frage: Was ist die Erziehung wirklich?

---

[66] Ghurar al-Hikam, Seite 55.

[67] Tuhaf al-Uqul, Seite 272.

Man kann sie so erklären, daß der Mensch vom Schöpfer verschiedene Fähigkeiten geschenkt bekommen hat und sich bemühen soll, diese zu entwickeln, um sie für sich und sein Leben zu verwenden und schließlich sein Ich zur menschlichen Vervollkommnung zu führen. Dieses ist keine private Meinung oder Empfindung, sondern Gott hat den Sinn und das Ziel des Lebens für uns Menschen vorherbestimmt. Im Koran lesen wir: »Derjenige, der den Tod und das Leben erschaffen hat, damit er euch prüft, welcher von euch am besten im Handeln ist. Und er ist der Mächtige, der Verzeihende.«[68]

Deshalb soll sich der Mensch bemühen, seine Taten zu korrigieren und zu verbessern. Da kann aber die Frage aufkommen: Welche Maßstäbe gibt es, um zwischen Gut und Schlecht zu unterscheiden? Die Antwort auf diese Frage finden wir wieder im Koran: »Es ist schon für euch im Gesandten Gottes ein gutes Beispiel für den, der auf Gott und den letzten Tag hofft und sich viel an Gott erinnert.«[69] »Und Gott war den Gläubigen gunstvoll, als er zu ihnen einen Boten von ihnen sandte, der ihnen Seine Verse verliest und sie läutert und sie die Schrift lehrt und die Weisheit; obwohl sie zuvor in einem klaren Irrtum gewesen waren.«[70]

Aus den hier zitierten Versen erkennen wir, daß man die höheren Stufen bzw. die menschliche Vervollkommnung nicht erreichen kann, wenn man die Lebensweise des Propheten außer acht läßt. Das darf jedoch nicht so verstanden werden, daß dieses Befolgen nur für die damalige Zeit, als der Prophet noch am Leben war, gilt, sondern so, wie Gott in der Sure 62 sagt: »Und andere von ihnen haben sie noch

---

[68] Sure 67, Vers 2.

[69] Sure 33, Vers 21.

[70] Sure 3, Vers 164.

nicht eingeholt; doch er ist der Mächtige, der Weise.«[71] Das gilt für alle Menschen.

Unter den Wirkenden und Denkenden und sogar in den unterschiedlichsten Religionen und Schulen gibt es niemanden, der die Werte und Bedeutung des schönsten und fähigsten Wesens der Schöpfung, des Menschen, leugnet. Auch wenn es Geschichten über die hohen Werte von Gerechtigkeit, Würde, Liebe und Tapferkeit gibt, so ist dies alles nur darauf zurückzuführen, daß Gott diese Eigenschaften und Fähigkeiten dem Menschen bzw. seinem Dasein geschenkt hat.

Grundsätzlich könnten die Werte des Menschen nicht vorhanden sein, wenn man die Eigenschafen und Fähigkeiten, die bei jedem Menschen vorhanden sind, nicht einsetzt oder sogar ignoriert. Es kann dann keinen Unterschied geben zwischen Gut und Böse, Schön und Häßlich, Recht und Unrecht. Jeder muß darum bemüht sein, die uns allen innewohnenden Eigenschaften und Fähigkeiten zu beachten und im positiven Sinne zu bearbeiten, um sein Wesen zu vervollkommnen und somit zu einer schöneren und besseren Welt beizutragen.

Die ernsthafteste Frage, die wir uns stellen müssen, ist, welche Methode der Islam zur Vervollkommnung des Menschen anwendet. Um die Antwort auf diese Frage zu erhalten, ist es von großer Wichtigkeit, nur auf nachgewiesene islamische Quellen zurückzugreifen, von denen die wertvollsten der Koran (die Sunna[72] des Propheten) und die Lebensführung der Ahl-u-l-Bayt,[73] der Familie[74] des Propheten Mohammad, sind. Nach dieser kurzen Auflistung der Quellen möchte ich verdeutlichen, daß die Erziehung des

---

71 Sure 62, Vers 3.

72 Wörtl. »Brauch«.

73 Wörtl. »die Leute des Hauses«.

74 Wörtl. »Leute«.

ausgereiften Menschen nur durch die Einhaltung der folgenden Grundsätze ermöglicht werden kann:

1. Die Verbesserung der Lebensart und die Suche eines aus islamischer Sicht geeigneten Ziels sind als erste und wichtigste Bedingungen für eine Vervollkommnung zu erfüllen. Sich ein falsches Ziel zu setzen würde bedeuten, in Furcht und Unruhe zu verweilen, anstatt sich in Ruhe und Sicherheit ständig zu verbessern. Aus diesem Grund muß man besonders bei seiner Erziehung behutsam vorgehen und darf kein anderes Ziel außer Gott, seine Zufriedenstellung und seine Nähe vor Augen haben. Aber am Anfang von allem steht die Niyya[75], die Absicht. Sie sollte rein und aufrichtig sein und aus dem tiefsten Innern kommen.
2. Die Stärkung der Vernunft und des Willens ist die zweite Bedingung auf dem Weg zur Vervollkommnung. Es muß dabei beachtet werden, daß beide gleichermaßen ausgeprägt sein müssen, da sie sich sonst negativ oder unfruchtbar auswirken können. Dieses Ziel kann man dann erreichen, wenn die Fähigkeiten der Vernunft und des Willens in jeweils ihren Bereichen aktiviert werden. Ziel ist es, durch die Vernunft eine, im islamischen Sinne, gute Entscheidung zu treffen und kraft des Willens diesen Entschluß beizubehalten. Man darf dabei aber nicht die vernünftigen und erlaubten Wünsche unterdrücken.

Zu diesem Thema sagte Imam Ali: »Jemanden, dessen Vernunft stehenbleibt und ermüdet, ergreift das Unwissen.«[76] In einer anderen Überlieferung sagte der Imam: »Die Vernunft ist des Menschen Führer zur Wahrheit.«[77] Und weiter: »Kein Gläubiger wird gläubig, es sei denn, er ist vernünftig.«[78]

Von Imam al-Kazim wird berichtet, daß er sagte: »Jeder, der reich sein möchte, ohne Besitz am Reichtum zu erlangen, sich ein ruhiges Herz wünscht fernab von Neid und sich eine gesunde, heile Religion ersehnt, soll sich von Gott wünschen, daß er seine Vernunft vervollkommnet, denn

---

[75] Wörtl. »Vorsatz«.
[76] Ghurar al-Hikam.
[77] Ghurar al-Hikam.
[78] Ghurar al-Hikam: Nr. 321.

ohne eine vollkommene Vernunft ist ein vollkommenes Leben nicht möglich.«[79]

Von Imam al-Hassan wird überliefert: »O ihr Menschen, wißt ihr, welcher mir der liebste Bruder ist? Jemand, der vom Einfluß seines Magens befreit ist, so daß er nicht nach dem giert, was er nicht findet, und nicht mit dem übertreibt, was er findet; und der vom Einfluß seiner Lust befreit ist, so daß sie seinen Verstand und seine Einsicht nicht beeinträchtigt; und der vom Einfluß seiner Unwissenheit befreit ist, so daß er seine Hand nach nichts anderem ausstreckt als nach einer religiösen Autorität, um von ihr zu lernen.«[80]

Wir alle wissen, daß die Familie einer der Hauptfaktoren bei der Bildung eines erzieherischen Umfeldes, der Schaffung einer gesellschaftlichen Prägung und der Gestaltung der Persönlichkeit im Kindesalter ist. Häufig sind es Prinzipien und Gewohnheiten, die im Kindesalter anerzogen werden, an denen die Menschen ihr Leben lang festhalten. In diesem Sinne kann man sie mit einem ersten Sproß vergleichen, der zur individuellen Art und Persönlichkeit eines Menschen herangezogen wird. Niemand wird deshalb ernsthaft daran zweifeln, daß die Familie einen prägenden Einfluß auf die persönliche und eigene Entwicklung des Menschen nimmt.

Die familiäre Erziehung ist es, die dem Geist des Kindes Geborgenheit und Lebendigkeit verleiht. Dazu gehören auch die Sprache des Kindes, die es in der Familie erlernt, oder die Werte, Normen und Tendenzen, die es aus der Familie mit auf seinen Lebensweg nimmt.

Auf diese Weise nimmt die Familienerziehung direkt Anteil an der Bildung der Kultur einer Menschengesellschaft und damit auch an der Entwicklung der Menschheit als Ganzes. Sie prägt direkt den Umgang der Menschen miteinander

79 Usul al-Kafi.

80 Bihar al-Anwar.

ander und untereinander. Und auf sie fallen das Lob und die Anerkennung zurück, wenn die Menschen die sozialen, ethischen und moralischen Prinzipien einer Gesellschaft achten und pflegen. Die Familie ist für die Entwicklung ihrer Nachkommen verantwortlich. Sie trägt die Verantwortung dafür, ob sie eine gesunde und gehobene Entwicklung erfahren oder nicht. Sie ist dafür verantwortlich, daß ihre Sprößlinge fernab von allen Verzerrungen aufwachsen. Somit lasten auf ihr einige Pflichten, die ich im folgenden ansprechen möchte.

1. Sie muß im Haus eine Atmosphäre der Geborgenheit, Zuneigung und der Sicherheit schaffen und dieses vor allen Arten der Gewalt, des Hasses und der Abneigung schützen, die ihre Zöglinge im Erwachsenenalter zu gleichen Untaten verleiten könnten. Das Entgegenbringen von Liebe, Erbarmen und Zuneigung gegenüber den Kindern jedoch nimmt einen gewaltigen positiven Einfluß auf den Lern- und Entwicklungsprozeß derselben.

Ist dies für die Kinder jedoch nicht auffindbar, erleben sie in ihrem Leben von Anfang an Verschlossenheit, Verklemmung, Einsamkeit, Überdruß und Angst und viele Probleme mehr.

2. Soziologen haben festgestellt, daß die Familie die Verantwortung dafür trägt, ob der Nachwuchs die Regeln der Zivilisation und des kultivierten Umgangs erlernt oder nicht. Sie hat die Aufgabe, die Kinder soweit in den kulturellen Stand der Gesellschaft einzuführen, daß diese von ihr mehr und mehr Vorteile erzielen und ihr mehr und mehr Vorteile bringen können. Nur eine entsprechende Erziehung gibt die Garantie, daß die Heranwachsenden auch mit anderen Individuen der Gesellschaft in gesunden Kontakt und Austausch treten können.

3. Die Experten sind der Meinung, daß es zu den moralischen Pflichten verantwortungsvoller Eltern gegenüber ihren Kindern gehört, folgende Dinge zu beherzigen:

a) Vater und Mutter müssen sich über die Maßstäbe des Werdeganges ihrer Kinder einig sein, einander in ihren Entscheidungen bezüglich ihrer Erziehung unterstützen und bekräftigen.

b) Der Vater muß es sich zur Gewohnheit machen, eine Weile mit seinen Kindern zu verbringen, nachdem er von der Arbeit heimgekehrt ist, und sich mit ihren Gedanken und Erzählungen auseinanderzusetzen, auf sie einzugehen und ihnen ein Freund sein. Selbst die schwächsten und kleinsten Mitglieder der Familie haben ein Bedürfnis nach Zugehörigkeit und Zusammengehörigkeit, welche sie nur erfahren können, wenn sie auch wirklich am Familienleben teilhaben.
c) Die Kinder müssen lernen, daß Mutter und Vater auch eine gewisse Zeit für sich selbst benötigen, um zu lesen, ihren Hobbys nachzugehen oder sich auszuruhen. So müssen sie den Kindern beibringen, sich in dieser Zeit allein, selbständig und sinnvoll zu beschäftigen.

Wie allgemein bekannt sein sollte, war das Hauptziel der Offenbarung des Korans und der Botschaft der vielen Propheten und Gesandten nichts anderes als die Bildung, Entwicklung und Erziehung einer aufrichtigen islamischen Persönlichkeit entsprechend den Weisungen des Korans und dem Glauben an Gott.

Die reine Aufrichtigkeit ist dafür selbstverständlich eine wesentliche Grundlage, die für das islamische Denken und Handeln unverzichtbar ist. Denn zweifellos ist Glauben erst dann wertvoll, wenn er ehrlich und sinnvoll praktiziert wird. Diesbezüglich sagt der Koran: »Also bleibe beständig, wie dir und denen, die mit dir reuig sind, befohlen wurde und übertretet nicht; er hat im Blick, was ihr tut.«[81] »Also halte fest an dem, was dir offenbart worden ist; du bist auf einem richtigen Weg. Und er ist bestimmt eine Ermahnung für dich und für dein Volk, und ihr werdet befragt werden.«[82]

Aus verschiedenen Versen des Korans geht hervor, daß sich die Menschen aus zwei verschiedenen Gruppen zusammensetzen: Die erste Gruppe sind diejenigen, die eine

---

81 Sure 11, Vers 112.

82 Sure 43, Vers 43 und 44.

Persönlichkeit aus dem Glauben und der Wahrnehmung der ungesehenen Welt gebildet haben. Diese Menschen akzeptieren alles, was gerecht ist und verfolgen dieses im Leben, und sie haben eine klare Vorstellung von der Welt, den Geschöpfen und dem Dasein. In diesem Zusammenhang lesen wir: »Diejenigen, die geglaubt haben und immer gottesfürchtig waren; für sie gibt es die gute Kunde im Leben dieser Welt und im Jenseits. Es gibt keine Änderung für die Worte Gottes; dies ist der gewaltige Erfolg.«[83]

Die zweite Gruppe sind diejenigen, deren Persönlichkeit ohne Glauben und Religion gebildet hat. Diese Menschen sind Anhänger der Begierden und falscher Wünsche des Egos, und sie sind weit entfernt von den Wahrheiten und ertrinken in einem Meer der Finsternis. Diese Gruppe Menschen verfügt auch über eine unruhige und unbeständige Persönlichkeit, und ihnen ist Standhaftigkeit und Sicherheit fremd, so daß Gott über sie in seinem Buche sagt: »Diejenigen, die den Glauben verweigern – es ist gleich für sie, ob du sie warnst oder ob du sie nicht warnst –, sie glauben nicht. Gott hat ihre Herzen versiegelt und ihr Gehör, und über ihren Augen ist ein Schleier, und für sie gibt es eine gewaltige Strafe.«[84]

Wenn der Mensch sich seinem Ego und einer verdorbenen Umgebung hingibt, wird ihn eine ungute bzw. harte Zukunft erwarten. Zur Bestätigung des oben Gesagten spricht Gott: »(Ich schwöre) beim Nachmittag. Der Mensch ist sicher im Verderb. Außer denjenigen, die einander zur Wahrheit anweisen und sich einander zum Langmut anweisen.«[85]

Befaßt man sich eingehender mit dem Koran, so stellt man fest, daß die Erziehung nach dem Prinzip »Gutes gebieten und Schlechtes verwehren« eine der wichtigsten Aufgaben

---

[83] Sure 10, Vers 63 und 64.

[84] Sure 2, Vers 6 und 7.

[85] Sure 103 Vers 1-3.

ist, die Gott uns Menschen gegeben hat, um die Menschheit zur Vervollkommnung zu führen. Die Offenbarung und das Prophetentum sind in diesem Sinne als Wegweiser für die Erziehung eines jeden Menschen bzw. einer jeden Gesellschaft zu betrachten.

Man kann sicherlich davon ausgehen, daß alle wissenden und erfahrenen Personen einer Gesellschaft die Menschheit zu einer gemeinsam denkenden, herzlichen und solidarischen Gesellschaft erziehen könnten, sofern sie diese wegweisende Belehrung ausüben würden. Es ist von besonderer Wichtigkeit, daß ein solcher Lehrer, ein solches Vorbild oder ein solcher Wegweiser bei sich selbst und seiner Familie beginnt, denn, wie deutlich aus dem Koran hervorgeht, man kann nur dann wirksam und glaubwürdig anderen Menschen den Weg weisen, wenn man selbst danach lebt.

Auf diese Weise kann die Saat für eine reiche der Erziehung und Verbesserung im Herzen anderer Menschen gesät werden. Im Koran heißt es: »Rufe auf zum Weg deines Herrn mit Weisheit und schöner Ermahnung, und streite mit ihnen auf die beste Art.«[86] Um diese gute Erziehung in der Gesellschaft bzw. der Menschheit zu verbreiten und zu verallgemeinern, sollten die besten und wirksamsten Mittel und Wege zum Einsatz kommen.

Die Verbesserung einer Gesellschaft ist erst dann möglich, wenn die aus dieser Erziehung resultierenden guten Verhaltensweisen in das Unterbewußtsein des Menschen eingedrungen sind, wie im Koran beschrieben ist: »Es soll aus euch eine Gemeinschaft entstehen, die zum Rechten auffordert und das Gute gebietet und das Böse verwehrt; und jene werden erfolgreich sein.«[87]

Nach der Lehre des Korans sind jene Menschen und Gesellschaften erfolgreich, die dieser Aufgabe sorgfältig nach-

---

[86] Sure 16, Vers 125.
[87] Sure 3, Vers 104.

kommen. Ein gutes und in diesem Sinne erfolgreiches Volk ist eines, das die Verantwortung der Erziehung nicht vernachlässigt. Dazu finden wir im Koran folgenden Vers: »Ihr wart das beste Volk, hervorgebracht für die Menschheit; ihr gebietet das Gute und verwehrt das Böse und glaubt an Gott.«[88] Die Wichtigkeit dieser Aufgabe ist so groß, daß der Prophet Mohammad sie als Kampf für Gott bezeichnet hat.

2. Das Interkulturelle im islamischen Denken

Mäßigung ist ein von Über- und Untertreibung befreites Verhalten. Ein solches Verhalten jedoch vermag der Mensch nur durch Wissen, ja genauer noch, durch Intellekt zu erlangen. Denn nicht das Wissen ist das Gegenteil der Ignoranz, sondern der Intellekt. Mäßigung ist die Substanz des islamischen Weges, zu dem der Islam und die Großen der Moslems aufrufen.

Imam Ali sagt: »Unser Weg ist das Maßhalten.«[89] Selbstverständlich ist unter der Mäßigung nicht immer eine numerische Mäßigung, sondern auch eine geistige Mäßigung zu verstehen. Imam Ali ruft die Menschen zur Mäßigung auf, wenn er sagt: »Wehe dir um die Eile in den Angelegenheiten vor ihrem Zeitpunkt, oder dem Nichtwahrnehmen derselben im Moment ihrer Möglichkeit, oder dem Beharren auf ihnen, wenn sie sich verweigern, oder dem Zweifel (an ihnen) wenn sie klar sind.«[90]

Erst durch das Maßhalten in allen Lebenslagen, den ökonomischen, den politischen, den gesellschaftlichen und den ethischen wird der Mensch zu einer gemäßigten Persönlichkeit bzw. führt er ein erfolgreiches gemäßigtes Leben. Umgekehrt ist ein Leben ohne Maß letzten Endes ein erfolgloses Leben. Die Entfernung des Menschen vom rechten Maß

---

[88] Sure 3, Vers 110.

[89] Ghural al-Hikam: B. 4, S. 254.

[90] Nahdsch al-Balagha: Kitab (Brief): 53.

hängt ab von seinen intellektuellen Schwächen. Das Maßhalten ist einer der wichtigsten Grundsätze in der Persönlichkeit des Propheten. Mit Maßhalten ist die ›goldene Mitte‹ der Dinge gemeint. Diese ›goldene Mitte‹ ist der Anfangspunkt der Übertreibung und das Ende der Nachlässigkeit. Das Maßhalten hat eine konstante Bedeutung, obwohl sich seine Gestalt den Angelegenheiten entsprechend verändert. In der 94. Predigt von »Nahdsch al-Balagha« sagt Imam Ali, die Lebensführung des Propheten beschreibend: »Seine Lebensführung war das Maßhalten, und sein Brauch war die Vernunft«, d.h. ohne Übertreibung und ohne Nachlässigkeit. Der Prophet sagte: »Das Gute der Dinge ist ihre Mitte.«[91]

Hiermit ist jedoch nicht der materielle Mittelpunkt oder die mittlere Zahl oder Ähnliches gemeint, sondern es handelt sich um das rechte Maß der Dinge. Probleme fangen an, sobald sich der Mensch von der ›goldenen Mitte‹ der Dinge entfernt. Je mehr er sich entfernt, desto größer werden seine Probleme. Eine vernünftige Person ist jemand, die die Anforderungen der Vernunft und des Offenbarungsgesetzes berücksichtigt. Jemand, der diese Anforderungen nicht berücksichtigt, ist unwissend und verfällt in Übertreibung und Nachlässigkeit. Ein Unwissender ist nicht jemand, der etwas nicht weiß, sondern jemand, der unvernünftig ist, der also seine Vernunft nicht einsetzt, da es viele »Gelehrte« gibt, die unwissend sind.

In der 70. Weisheit von »Nahdsch al-Balagha« beschreibt Imam Ali die Unwissenden: »Du siehst den Unwissenden entweder über- oder untertreibend.« Im 19. Vers der Sure 31 gibt der weise Luqman seinem Sohn einen Rat: »Und sei gemäßigt im Vorgehen«, gemeint ist: »Sei gemäßigt in deinen Handlungsweisen.« Der Islam als Religion ist eine gemäßigte Religion. Die islamische Gemeinde hat somit eine

---

91 Al-Mahsul: Bd. 4, S. 69.

gemäßigte Gemeinde zu sein. Gott beschreibt sie wie folgt: »Und so haben Wir euch zu einer gemäßigten Gemeinschaft gemacht, damit ihr Zeugen über die Menschen werdet.«[92]

Mit »gemacht« ist ein gesetzgebendes Machen gemeint. Das heißt, die islamische Gemeinde ist verpflichtet, diese Gemäßigtheit zu verwirklichen, um als Vorbild für die anderen Gemeinschaften zu dienen. Eine gemäßigte Gemeinschaft ist eine Gemeinschaft, die in ihren Ideologien, ihrer Politik und ihren Sitten und Lebensformen gemäßigt ist. In einigen Überlieferungen heißt es, mit der gemäßigten Gemeinschaft im Koran seien die unfehlbaren Imame gemeint.

Wenn die Imame als unsere Vorbilder die gemäßigte Gemeinschaft sind, sind wir erst recht verpflichtet, eine gemäßigte Gemeinschaft zu sein. In einer anderen Überlieferung heißt es: »Die Lebensführung des Gläubigen ist gemäßigt.«[93] Jeder Mensch besitzt, seiner Persönlichkeit, seiner Denkweise, seinem Intellekt usw. entsprechend, einen eigenen gemäßigten Punkt. Jeder kann mit seinem menschlichen Verstand diesen Punkt für sich herausfinden. Einige Beispiele für das Maßhalten:

a) Maßhalten in der Freundschaft: Freundschaft ist eine schöne Sache, aber man soll dem Freund nicht alle Details und Geheimnisse erzählen. Womöglich wird er eines Tages zum Feind, dann kann er das, was er über uns weiß, gegen uns einsetzen. In diesem Zusammenhang sagte Imam as-Sadiq: »Verrate deinem Freund nur so viele Geheimnisse, daß es dir nicht schadet, wenn ein Feind sie erfährt.«[94]
b) Maßhalten in der Liebe und im Haß: In diesem Zusammenhang sagte Imam Ali in der 117. Weisheit: »Zwei Männer gehen wegen mir zugrunde; ein übertrieben Liebender und ein Hasser.« Muawiya war ein Beispiel für einen »Hasser«

[92] Sure 2, Vers 143.
[93] Ghurar al-Hikam: Bd. 1, S. 74.
[94] Wasa'il asch-Schia: Bd. 8, S. 502.

c) Maßhalten in der Großzügigkeit und in der Unterstützung armer Menschen: Der 29. Vers der Sure 17 lehrt uns: »Und lege deine Hand nicht stramm um deinen Hals und strecke sie nicht ganz aus, sonst sitzt du in Not und bereuend da.« Und auch der 67. Vers der Sure 25: »Jene, die nicht verschwenden und nicht geizen, wenn sie spenden, sondern einen mittleren Weg dazwischen anstreben.«
d) Maßhalten bei den gottesdienstlichen Handlungen (Ibadat). Dazu erläuterte Imam Ali: »Macht euren Seelen den Gottesdienst nicht verhaßt!«[95] Und er sprach: »Die beste Tat ist das Maßhalten zwischen Furcht und Hoffnung.«[96] Und er sprach: »Wer das Maßhalten begehrt, dem fällt die Anstrengung leicht.«[97] Gott spricht im Koran in bezug auf diejenigen Pflichtgebete, die von Männern stimmhaft rezitiert werden müssen: »Und sprich nicht zu laut in deinem Gebet und nicht zu leise, sondern strebe einen Weg dazwischen an.«[98] Für gewöhnlich wird im Koran eine einfühlsame, gemäßigte Methode bei der Ansprache verwendet, die zurückgeht auf frühere Zivilisationen: »Euch ist das Fasten vorgeschrieben worden, wie es jenen vor euch vorgeschrieben worden war.«[99]
e) Maßhalten im Alltag bedeutet, ›Übertreibung‹ und ›Nachlässigkeit‹ zu vermeiden. Um in den alltäglichen Dingen unseres Lebens nicht in Übertreibung und Nachlässigkeit zu verfallen, müssen wir unsere Zeit gewissenhaft einteilen und alles ordentlich planen. Ohne einen genauen Zeitplan sind es die Dinge und Ereignisse, die den Verlauf unseres Lebens bestimmen. Der Mensch muß unter Berücksichtigung der islamischen Kultur und Ethik seine Zeit planen. Er darf die Menschen nicht mit dem Argument abwimmeln, er habe gerade keine Zeit. Diese Methode der Planung und Zeiteinteilung wird nach einer Weile des Praktizierens zu einem Automatismus. Alsdann fühlt er, daß er lebt und seine Zeit und sein Leben sinnvoll nutzt.

---

95 Al-Wasa'il: Bd. 26, S. H. Nr. 2.
96 Ghurar al-Hikam.
97 Kitab al-Mawaiz.
98 Sure 17, Vers 110.
99 Sure 2, Vers 183.

2. 1. Menschenrechte im Islam

Der Islam - die vollendete Religion Gottes - ist nicht auf eine bestimmte Zeit oder einen bestimmten Raum begrenzt, sondern bezieht sich auf alle Menschen, gleich welcher Herkunft, Hautfarbe oder Rasse.

Als Gott Mohammad zur Führung der Menschheit bestimmte, ließ er ihn ausdrücklich wissen, daß diese Botschaft für alle Menschen bestimmt sei und kein Volk in irgendeiner Weise begünstigt werden dürfte. Im Koran lesen wir: »Sprich: O ihr Menschen, ich bin für euch alle ein Gesandter Gottes, dessen das Königreich der Himmel und die Erde ist. Es gibt keine Gottheit außer ihm. Er macht lebendig und läßt sterben. Darum glaubt an Gott und an Seinen Gesandten, den ummitischen Propheten, der an Gott und an Seine Worte glaubt; und folgt ihm, auf daß ihr recht geleitet werdet.«[100]

Gott ernannte Propheten unter den Menschen, damit diese gemeinsam mit ihren Mitmenschen zu einer Form des Gemeinschaftslebens finden, in der Menschenwürde und gegenseitiger Respekt stets gewahrt bleiben und die Verwirklichung jener Gesetze angestrebt wird, die ein würdiges Leben des Menschen im Diesseits und im Jenseits garantieren.

Aus dem Koran wissen wir, daß das Diesseits in direktem Bezug zu unserem Leben im Jenseits steht. Wie es uns nach dem Tode ergeht, hängt direkt davon ab, wie wir unser Leben hier auf Erden gestalten. Der Islam spricht davon, daß die Menschenrechte erst dann als verwirklicht gelten können, wenn menschliche Werte - allen voran die Menschenwürde - bewahrt sind. Gott hat unter allen Lebewesen einzig den Menschen mit der Aufgabe betraut, sein Leben eigenständig unter Berücksichtigung der Gebote Gottes und der Vernunft zu gestalten. Allein der Mensch ist mit Ruhul-

---

[100] Sure 7, Vers 158.

lah - dem Geist Gottes - ausgestattet und im Besitz von freiem Willen und Intellekt.

In einer Überlieferung des Propheten heißt es über die hohe Stellung des Menschen: »Die Heiligkeit eines Gläubigen zählt bei Gott mehr als die Heiligkeit der Kaaba.«[101] Unzählige Hinweise lassen sich im Koran und in den Überlieferungen finden, welche die Bedeutung der Vernunft und des freien Denkens im Rahmen der göttlichen Gesetze hervorheben. Wer das Denken und damit eine eventuelle positive Entwicklung unterbindet, dessen Gläubigkeit wird im Islam sehr wohl in Frage gestellt.

Um so mehr verbittert es uns Moslems, wenn vielerorts in den Medien der Islam als eine Religion dargestellt wird, in der die Menschenrechte mißachtet werden. Entweder ist man über den Islam nicht richtig informiert, oder es werden mit derartigen Verleumdungen politische Ziele verfolgt.

Besonders den Moslems muß daher sehr viel daran liegen, über ihre Religion gute Kenntnisse zu haben und durch ihr Verhalten und ihre Taten ihren Glauben überzeugend zu vertreten.

2. 2. Islam und Rationalismus

Jeder, der auch nur den geringsten Einblick in die koranischen Verse gehabt hat, weiß, daß der Islam ein rationaler Glaube und eine rationale Religion ist, die sich in ihren Inhalten und Grundlagen auf Vernunftbeweise stützt. Der islamische Glaube ist von einer Überzeugung getragen, die auf Wissen und Erkenntnis fußt. Es gibt zahlreiche Verse und prophetische Aussprüche, die zu verstehen geben, daß ein Glaube, der nicht auf dem Fundament des Wissens, des Bewußtseins und der Erkenntnis basiert, völlig wertlos ist; weshalb der Koran auch zum Nachdenken und zum Verstehen und Einsehen einlädt. Ja, aus diesem Grunde ruft der

[101] Bihar al-Anwar: Bd. 47, S. 89, Bab 5, H. Nr.: 95.

Koran in seinen Versen zum geistigen Erforschen auf und spornt dazu an, über die Weiten des Alls, die Natur, das Leben und die Person des Menschen nachzudenken.

Von anderer Seite her bekräftigt dieses umfassende Buch Gottes, daß der Islam die Religion der Freiheit und der Selbstbestimmung und nicht der Unterdrückung und des Zwanges ist. So sagt Gott darüber: »Es gibt keinen Zwang im Glauben; die Wahrheit ist nunmehr von der Falschheit deutlich unterschieden.«[102] An anderer Stelle heißt es: »Und falls dein Herr wollte, würden alle zusammen glauben, die auf Erden sind. Willst du also die Menschen dazu zwingen, gläubig zu werden?«[103] In Sure 88 finden wir: »Du bist kein Herrscher über sie.«[104] Und schließlich spricht Gott: »Und sprich: Es ist die Wahrheit von eurem Herrn! Wer also mag, der soll glauben, und wer mag, der soll den Glauben verweigern. Wahrlich, Wir haben den Ungerechten ein Feuer bereitet.«[105]

Gott macht in diesen und anderen solchen Versen deutlich, daß echter Glaube nicht durch Zwang und Nötigung, sondern lediglich durch Kenntnis der göttlichen Botschaft erlangt werden kann. Weiter macht er deutlich, daß es der Mensch ist, der seinen Weg wählt und sich für den Glauben oder den Unglauben entscheidet; weshalb dieser für seine Entscheidung und sein Tun verantwortlich ist. Es sind die eigenen Entscheidungen des Menschen, die ihn zu immerwährender Glückseligkeit oder zu ewigem Elend führen.

Daraus können wir ersehen, daß der Islam keine Glaubensüberzeugung besitzt, die durch Unterdrückung zur Geltung gebracht werden kann, wie manche behaupten. Die Aufbringung großer Anstrengung und Gewalt dient einzig

---

102 Sure 2, Vers 256.
103 Sure 10, Vers 99.
104 Sure 88, Vers 22.
105 Sure 18, Vers 29.

und allein dem Schutz des Rechten und der Befreiung der Wahrheit. So sollen Hindernisse beseitigt werden und Angriffe abgewehrt werden, wie sie den Wahrheitssuchenden und Rechtliebenden von einigen Kräften der Welt in den Weg gelegt werden. Gewalt wird also nur dort für legal und angemessen gehalten, wo Verstand, Leben, Würde und Freiheit in Schutz genommen werden müssen.

Das ist der Weg des Korans, der die Wichtigkeit und den wahren Wert des Wissens und der rationalen Erkenntnis bekräftigt. Er wertet deshalb auch den Stellenwert der Wissenden positiv und lehnt den Dummglauben der Ignoranten entschieden ab. Denn es heißt im Koran: »Allein die Wissenden von Seinen Dienern fürchten Gott.«[106] Das heißt diejenigen, über die wir an anderer Stelle lesen: »Und wenn sie hören, was zum Gesandten herabgesandt wurde, siehst du ihre Augen mit Tränen überfließen ob dem, was sie von der Wahrheit erkannt haben.«[107] Während es über den Glauben der Dummfrommen heißt: »Und unter den Menschen sind solche, die Gott einseitig dienen. Wenn ihm also etwas Gutes widerfährt, stimmt es ihn zufrieden. Trifft ihn aber eine Versuchung, dann kehrt er sich ganz. Er verliert diese und die nächste Welt.«[108]

Und auch über den Glauben der unkultivierten Wüstenbeduinen, welche die Inhalte des Korans und seine erkenntnistheoretische Botschaft aufgrund ihrer Ignoranz sehr oberflächlich aufnahmen, lesen wir: »Die Beduinenstämme sagten: ›Wir glauben.‹ Sprich: ›Ihr glaubt nicht. Aber sprecht, daß ihr ergeben seid, denn der Glaube ist noch nicht in eure Herzen eingekehrt.‹«[109]

---

[106] Sure 35, Vers 28.
[107] Sure 5, Vers 83.
[108] Sure 22, Vers 11.
[109] Sure 49, Vers 14.

Wir sehen also, daß der Glaube des Islam ein Glaube ist, der auf der Einsicht des Verstandes basiert. Folglich kann die Botschaft dieses Glaubens auch nur über diese Einsicht vermittelt und verbreitet werden. Deshalb ist auch keine unbegründete und unverständliche Anwendung von Gewalt beim Einsatz für die Botschaft dieses Glaubens annehmbar. Es ist nicht möglich, die Menschen zu etwas zu nötigen, von dem man sagt, es sei nur aus freien Stücken erreichbar. So wie niemand zu seinem Unglück gezwungen werden darf, kann auch niemand zu seinem Glück gezwungen werden. Denn echter Glaube, wahre Einsicht und Erkenntnis, die für den wahren Islam notwendig sind, können nur durch absolute Entscheidungsfreiheit erlangt werden. Von dieser Seite betrachtet, erhalten Glaube und Unglaube ihre angemessene Bewertung.

3. Materielle und geistige Entwicklung im Islam

Die Besonderheit des Islam im Vergleich zu allen anderen Denkschulen der Menschheit liegt vor allem darin, daß er alle nur erdenklichen Faktoren, die für eine echte materielle und geistige Entwicklung zur Vollkommenheit nötig sind, in sich vereint. Der Islam lehrt uns, daß Gott alles auf dieser Erde zu unserem Nutzen und Vorteil erschaffen hat. Nutzen und Vorteil dieser Schöpfung aber sind an Arbeit und Anstrengung gebunden. Dies und nicht zuletzt die Tatsache, daß der Gesandte Gottes den Wert der Arbeit sogar dadurch zum Ausdruck gebracht hat, daß er einem Arbeiter die Hand küßte oder daß der Fürst der Gläubigen, Ali ibn Abi Talib, so hart arbeitete, daß sich auf seinen Schultern vom Tragen der Lasten Hornhaut bildete.

Dies alles deutet darauf hin, daß auch das Gebet und die Bitte desjenigen, der nicht arbeitet, nicht von Gott erhört werden. Einige der Menschen neigen dazu, sich unter dem Vorwand der Worte Gottes: »Und wer auf Gott vertraut, dem wird er genügen«[110], in ihren Häusern zu verkriechen. Zu denen, die dies zur Zeit des Propheten taten, sagte der Prophet: »Gott wird eure Gebete und Bitten nicht mehr erhören!«[111]

Warum aber sagte er das? Warum ist das so? Das »Warum« liegt auf der Hand: Damit sich nämlich die menschliche Gesellschaft in eine produktive und aufbauende Richtung orientiert. In den ersten Tagen des Islam lebte ein Teil der Leute im Vorhof des Hauses des Propheten, und in den darauffolgenden fünfzig Jahren gediehen im islamischen Staat Wohlstand und Fortschritt. Diese Entwicklung aber wurde nur durch diese Dimension des Verstehens der Religion ermöglicht.

Und genauso wie zu materieller Entwicklung lädt der Islam die Menschheit auch zu geistiger und spiritueller Entwicklung ein, indem er sie zum Gottesdienst bewegt: »Sprich: Mein Herr würde euch keine Bedeutung beimessen, wäre da nicht euer Bitten.«[112] »Und euer Herr sprach: Bittet Mich, so werde Ich euch erhören.«[113] Das heißt, daß sich der Wert des geistigen Lebens des Menschen in seiner Verbindung zu Gott mißt. Das ist es, was uns der Islam und die Verse des Korans vermitteln. So steht geschrieben: »Ist nicht für die Gläubigen die Zeit gekommen, daß sich ihre Herzen im Gedenken an Gott mit Ehrfurcht erfüllen?«[114] »Und wahrlich, im Gedenken an Gott finden die Herzen wahre Ruhe und Zufriedenheit.«[115]

---

[110] Sure 65, Vers 3.
[111] Al-Kafi: Bd. 5, S. 67, Bab Dukhul as-Sufiyya, H. Nr. 1.
[112] Sure 25, Vers 77.
[113] Sure 40, Vers 60.
[114] Sure 57, Vers 16.
[115] Sure 13, Vers 28.

3. 1. Die mystische Liebe zu Gott

Welche Beziehung sollte zwischen dem Menschen und Gott bestehen? Man soll nicht denken, daß die Liebe zu Gott mit der Liebe vergleichbar wäre, die zwischen zwei oder mehreren Menschen besteht, sondern die Liebe zu ihm ist eine vollkommene und einzigartige. Im Koran lesen wir: »Und unter den Menschen ist mancher, der sich neben Gott Gleichgestellte nimmt, die er liebt wie die Liebe zu Gott – und diejenigen, die glauben, sind stärker in der Liebe zu Gott.«[116]

Einer der Gründe dafür ist die Gegenseitigkeit der Liebe, die von Gott aus unbegrenzt ist, soweit der Mensch in der Lage ist, ihm aufrichtig und bedingungslos zu folgen. Die vollkommene Liebe kann erst dann erreicht werden, wenn die wirkliche Bedeutung Gottes so verstanden wurde, daß sich der Mensch ihm vorbehaltlos zu ergeben hat. Gottes Liebe zu den Menschen gründet in seiner umfassenden Kenntnis vom Wesen des Menschen und seiner Bestimmung. Nach einer Überlieferung sprach Gott zu Moses: »O Moses, wenn die Menschen, die sich von Mir abgewandt haben, wüßten, daß Ich sie liebe, würden sie sich zu Tode schämen.«[117]

Grundsätzlich scheint Gottes Sonne überall und für alle. Nur wenn jemand sich vom Licht abgewandt und in die Finsternis begeben hat, kann er nicht behaupten, daß Gott ihm kein Licht schenken wollte. Alle Liebe des Menschen soll sich an Gott und seiner Liebe orientieren, zu ihm führen und den Menschen Gott näher bringen. Wie kann ein Gläubiger feststellen bei sich selbst feststellen, ob er Gott liebt. Aus dem Koran erfahren wir, daß das Befolgen der Worte Gottes und der Lebensweise des Propheten und seiner Fa-

---

[116] Sure 2, Vers 165.

[117] Sinng: Mizan al-Hikma: Bd. 4, S, 2797, aus al-Mahabba al-Bayda': 8/59-60.

milie bedeutet, dieses im Leben wirklich anzuwenden, und das Praktizieren dieses Weges ist das größte Zeichen der Liebe zu Gott: »Sprich: Wenn ihr Gott liebt, so folgt Mir, dann liebt euch Gott.«[118]

Im folgenden wird die Philosophie der Erschaffung des Menschen aus »mowlawitischer« Sicht, also aus der Sicht des Mystikers Rumi, dargestellt. Wenn Philosophen die Existenz in ihre erstrangigen und allgemeinen Formen aufteilen, unterscheiden sie zunächst zwei Arten der Existenz: das wirkliche, ursprüngliche Sein und das Schattendasein. Niemand zweifelt daran, daß die Existenz Gottes wirkliches und ursprüngliches Sein ist und daß im Hinblick auf Gott kein Erlischen vorstellbar ist.

Die islamischen Mystiker, die Sufis, sind der Ansicht, daß die einzige Existenz, die nicht erlischen kann, die Existenz Gottes ist. Alle anderen Existenzen außer der seinen seien schattenhaft und abhängig und deshalb vergänglich. Einige ›Urafa‹, Gnostiker haben dazu angemerkt, es sei zwar richtig, daß nur Gottes Existenz wirklich und ursprünglich sei, dies aber nicht bedeute, daß die Existenz anderer Dinge oder des Menschen keinerlei Verbindung zur Ewigkeit habe. Sie haben daher alles in ihrer Macht Stehende unternommen, um klar aufzuzeigen, daß auch der Mensch in seiner Rolle unvergänglich ist.

Wir begegnen dieser Betrachtung des Menschen in vielen Verszeilen Rumis: »Es ist richtig, daß die wirkliche Existenz auf Gott beschränkt ist. Jedoch hat dieser den Menschen ausgezeichnet, indem er ihm eine Seite dieses wirklichen Seins geschenkt hat. Auf diese Weise schwindet das Schattendasein des Menschen im wirklichen Sein Gottes und verliert sich, gleich so wie das Kupfer in einer chemischen Analyse.«

---

118 Sure 3, Vers 31.

Der Mensch ist imstande, die geistigen Stufen zu erklimmen und die Gnade zu erlangen und die Auswirkungen seines Handelns, die kein Auge je gesehen hat, zu sehen. Damit nähert er sich einer Existenz, die unvergänglich ist, und löst sich in ihr auf. Er wird dann so wie diese und bleibt für die Ewigkeit. Anders ausgedrückt, er erlischt in Gott, um so ewig und immerwährend zu sein. Das ist das herrschende Gesetz der Elemente im Universum, in dem jedes Element zu seinem Urquell und Ursprung zurückkehrt. Aber auch die Wirklichkeit des Menschen – hiermit ist die Seele gemeint – besitzt einen Ursprung, und dieser Ursprung ist Gott. Er selbst sagt: »Und Ich hauchte ihm ein von Meinem Geiste.«[119]

Wohin also soll die Seele zurückkehren außer zu ihrem eigentlichen Ursprung und Urquell? »O du Mensch, du mühst dich ab für deinen Herrn, so wirst du ihm begegnen.«[120] »Höret! Zu Gott kehren die Dinge zurück.«[121] »Wir gehören zu Gott, und zu ihm kehren wir zurück«[122] »Wohin ihr euch auch wendet, dort ist Gottes Antlitz.«[123] »Er ist mit euch, wo immer ihr auch seid.«[124] »Und Wir sind ihm näher als seine Halsschlagader.«[125] Es gibt viele Verse ähnlichen Inhalts, und all diese Verse enthüllen eine einzige Wirklichkeit, nämlich daß die gesamte lebendige Menschenwirklichkeit, in all ihren Facetten und mit all ihren Elementen, zu ihren Ursprüngen zurückkehrt.

Was also geschieht mit der Seele? Bleibt sie nach der Trennung einsam und verlassen zurück? Nein, gewiß nicht. Die mystischen und gnostischen Schriften bezeichnen diese

---

[119] Sure 15, Vers 29.
[120] Sure 84, Vers 6.
[121] Sure 2, Vers 210.
[122] Sure 2, Vers 156.
[123] Sure 2, Vers 115.
[124] Sure 57, Vers 4.
[125] Sure 50, Vers 16.

Rückkehr als Erlischen. Nach Ansicht der Gnostiker ist das Erlöschen der Weg in die Ewigkeit. Rumi kompensiert diese Vorstellung sinngemäß in folgenden Versen: »Ich entstarb in der leblosen Materie und wurde zu einer wachsenden, organischen Substanz. Auch in der wachsenden Substanz entstarb ich und verwandelte mich in ein lebendiges Wesen. Doch auch in dem lebendigen Wesen entstarb ich und wurde ein Mensch – wovor also sollte ich mich fürchten? Wann wurde ich etwa durch den Tod geringer? Und ich werde alsbald noch einmal dem Menschsein entsterben, so daß ich die Flügel und Beine der Engel tragen werde. Anschließend dann werde ich auch vom Engelsein befreit und zu dem werden, was keine Vorstellung zu bestimmen vermag, denn ich werde zu Nichts werden, und das Nichts ist wie etwas ohne jeglichen Halt, das mir singt: ›Wahrlich, wir kehren heim zu Ihm.‹«[126]

Selbstverständlich sind solche Begriffe, die aus Gnosis und Mystik stammen, nicht ohne weiteres zu begreifen. Sie können nicht durch einfaches und alltägliches Verstehen aufgedeckt werden. Um solche Grade des Erkennens erreichen zu können, bedarf es vor allem der Auslöschung von Zeit, Ort, Vielheit, Anzahl und jeder Logik des Körperlichen.

Die Gnostiker betonen, daß der Mensch sich in der grenzenlosen Gegenwart Gottes wiederfindet, wenn er allen Stufen entflieht und sich von allen Umständen befreit und sich der Welt des Entstehens und Vergehens entledigt. Seine Existenz bleibt nicht länger mit einer Ursache verbunden, sondern wird göttlich und erlischt in ihrem Dies- und Jenseits. Das ist es, was Rumi die »Wiedergeburt« nennt, die nicht mehr bedeutet als den Tod des Wesens und die Ewigkeit in Gott, die er so beschreibt: »Wenn das Individuum wiedergeboren wird, steht Gott über der Trennung von

[126] Mathnawi.

Ursachen und Gründen. In dieser Phase geht alles zugrunde - außer Seinem Antlitz.«[127]

In diesem Moment, den wir Wiedergeburt nennen, wird der Mensch nicht völlig ausgelöscht. Auch wenn er in der göttlichen Essenz erlischt, so gleicht dies dem Erlöschen des Kerzenlichts in der Helligkeit des Tages. Er dauert fort, solange sein Wesen fortdauert, doch er erlischt, indem er seine Attribute in den Attributen der absoluten Wahrheit auslöscht wie das Licht der Kerze im Angesicht des Sonnenscheins. Sie sind vergangen, und doch existieren sie. Ihr Wesen ist nach wie vor da, in dem Sinne, daß ein Wattebausch von ihrer Flamme ergriffen und verbrannt würde, falls man ihn über sie hielte. Aber sie ist dennoch erloschen, da ihr Licht im Schein der Sonne erloschen ist. Das Erlöschen des Menschen basiert auf einem gewissen Grad an Wachsamkeit dessen, der in Gott erlischt.

Wer also im Hinblick auf sein eigenes Ziel erlischt, der dauert im Ziel Gottes weiter, denn die persönlichen Ziele sind vergänglich, und das Ziel Gottes ist unvergänglich und ewig. Ist man folglich mit dem eigenen Ziel verbunden, bleibt man verbunden mit dem Vergehen und Erlöschen. Wer jedoch ganz dem Ziel Gottes ergeben ist, ist mit der Ewigkeit verbunden. Diese Angelegenheit ist jedoch voll und ganz geistiger Natur und hat überhaupt nichts mit örtlicher Nähe und Entfernung zu tun.

Eine Himmelfahrt, wie wir sie nennen, also ein Aufsteigen, geht nicht immer nach oben, im Sinne der Richtung, die örtlich gesehen über uns liegt. Deshalb hat der Prophet Mohammad auch die Verborgenheit des Propheten Jonas im Walfisch als eine Himmelfahrt bezeichnet. Auch Rumi zieht diese Überlieferung heran und sagt: »Der Gesandte Gottes sprach: ›Wahrlich, meine Himmelfahrt war nicht vortrefflicher als die Himmelfahrt des Yunus ibn Matta (Jonas), nur

[127] Mathnawi.

weil meine im Himmel und seine unter der Erde geschah‹, weil [...] die Nähe zur absoluten Wahrheit unabhängig von der Richtung ist.«[128]

Die Nähe ist nicht das »nach oben« oder »nach unten Gehen«. Die Nähe zur absoluten Wahrheit bedeutet vielmehr die Befreiung aus dem Gefängnis der Existenz und das Gelangen zu dem Erlischen und dem Nichts. Die Welt, die Rumi hier als die »Welt des Nichts« bezeichnet, ist die Welt des Verborgenen und die Welt des Logos, jene Welt, die jenseits der empirischen Welt, d.h. des Kosmischen, liegt.

Die Erlösung liegt also in dem Herzen, in dem das Licht lebt. Dieses ist die eigentliche Substanz der menschlichen Existenz. Rumi sagt: »Du hast geglaubt, daß dein Herz dies blutdurchtränkte ist? So ist kein Weg, als daß du dich von den Leuten mit Herz getrennt hast. Kannst du dir gar selbst eingestehen, daß jenes, das der Milch und dem Honig Liebe schenkt, ein Herz ist?«[129]

Die Güte von Milch und Honig spiegelt sich im Herzen. Wenn also irgendwo Genuß ist, entspringt dieser dem Herzen. So ist denn das Herz Substanz und die Welt Akzidens. Wie aber sollte das Akzidens des Herzens das Ziel des Herzens sein? Für Rumi und andere Mystiker gibt es, wie oben ausgeführt, zwei Formen der Existenz: ein wirkliches Sein und ein unwirkliches. Das echte und ursprüngliche der beiden ist selbstverständlich das göttliche Sein, während alles andere nur relativ existiert. Für Rumi bedeutet dies nicht, daß der Mensch nicht an der Wirklichkeit des göttlichen Seins teilhaben kann. In dem Sinne, daß alles zu seinem ersten Urquell zurückkehrt, glaubt Rumi, daß der Mensch, d.h. seine eigentliche Wirklichkeit, also seine Seele, einst zu ihrem ersten Ursprung zurückfindet. Da die Seele ihren Ursprung nicht im Kosmos, sondern im Logos hat und

128 Mathnawi.

129 Mathnawi.

von Gott eingehaucht wurde, was von Rumi aber transzendental und jenseits von Raum und Zeit verstanden wird, kehrt sie auch nur zu Gott zurück. So überwindet Rumi jede Furcht vor dem Tod. Für ihn besteht das höchste Ziel des Menschen auf seiner Existenzreise darin, sich im Göttlichen zu verlieren.

Diese Stufe, die er »Entwerdung«[130] nennt, vernichtet alles Vergängliche am Menschen und läßt ihn an der Ewigkeit teilhaben. In diesem Sinne ist auch der Mensch für Rumi ewig und immerwährend. Die Entwerdung ist jedoch keine Vernichtung für ihn selbst, sondern für die Unwirklichkeit. Rumi vergleicht die Entwerdung des Menschen in Gott mit dem Verschwinden des Kerzenlichts im Sonnenlicht. Zwar existiert in dieser Helligkeit alles weiter, ist also noch da, doch der schwache Schein der Kerze ist in der wahren Helligkeit »entworden«. Unter Berufung auf den Koran und die Sunna betont er dabei, daß dieser Aufstieg rein spiritueller Natur ist.

3. 2. Verhalten, Moral und Ethik des Propheten

Die Kenntnis von der Moral, der Ethik und den Verhaltensweisen der edlen Propheten ist von großem Nutzen für uns und eine Hilfe darin, uns an ihnen ein Vorbild zu nehmen. Was aber sind gutes Verhalten, Moral und Ethik?

Was das gute Verhalten angeht, so ist dies der positive Wert, den die rechtmäßige Handlung erreichen soll, wie z.B. die verschiedenen Disziplinen des Bittgebets und die guten Sitten und der Anstand im Zusammensein mit Freunden und Verwandten. Hinsichtlich der Anwendung sind sich die Einsichtigen und Verständigen ausnahmslos ebenso einig wie darin, daß dies zu befürworten ist; allerdings gehört der Begriff des Guten hinsichtlich der Verhaltensnormen zu den Grundbegriffen, deren Umsetzung je nach den unterschied-

130 Arab. al-Fana'.

lichen und spezifischen Zielen der verschiedenen Gesellschaften unterschiedlich ausfällt. Aus diesem Grund müssen wir notwendigerweise von einer Unterschiedlichkeit der zwischenmenschlichen Verhaltensformen sprechen.

So ist das gute Verhalten in jeder Gemeinschaft vergleichbar mit einem Spiegel, der die Lebensziele der betreffenden Gemeinschaft entsprechend den moralischen Besonderheiten, widerspiegelt. Gutes Verhalten und Benehmen sind aber noch nicht Ethik und Moral. Diese sind nämlich Eigenschaften, die fest in der Seele jedes einzelnen verwurzelt sind. Die Moral bildet sich aus einer Anzahl von verschiedenen, positiven Strukturen der einzelnen Handlungen, die vom Menschen ausgeführt werden und von seinen eigenen geistigen Eigenschaften herrühren. Zwischen diesen beiden Dingen besteht also ein gewaltiger Unterschied.

Gutes Verhalten gehört zu den Resultaten der Ethik und der Moral, während die Ethik insbesondere wegen ihres spezifischen Zwecks eine Unabdingbarkeit der Gesellschaft ist. Das angestrebte Lebensziel des Menschen ist, was sein gutes Verhalten in seinen Taten zum Ausdruck bringt und seinem Geist einen Weg weist, von dem er nicht abweicht, wenn er eine Tat ausübt, um diesem Ziel näher zu kommen. Und da es zum Wesen des Islam gehört, alle Bereiche des Lebens zu erfassen, ohne dabei auch nur den kleinsten Winkel auszulassen, hat dieser den Horizont des guten Verhaltens für das Leben erweitert und für jede nur erdenkbare Handlung einen positiven Wert verzeichnet, der dessen Ziel und Zweck widerspiegelt. Dabei gibt es in Überzeugung und Praxis keinen globaleren und umfassenderen Zweck und kein universelles Ziel im religiösen Leben als das Bekenntnis zur Einheit Gottes. Dies bedeutet für den Menschen, davon überzeugt zu sein, daß er einen Gott hat, von dem alles ausgeht und zu dem alles zurückkehrt. Sein sind die schönsten Namen und das allerhöchste Gleichnis. Dementsprechend lebt, wirkt und handelt der Mensch durch

Taten, die seine Untergebenheit vor Gott und die Untergebenheit jeder Sache widerspiegeln. Auf diese Weise wird das Einheitsbekenntnis sowohl in äußerer wie auch in innerer Form verwirklicht, und die echte und reine Untergebenheit erscheint, in Worten und Taten und allen anderen Dimensionen des Daseins, unbedeckt und unübersehbar.

So ist also das gute Verhalten des Prophetentums das Bekenntnis zu Gottes Einheit in Wort und Tat. Wenn wir uns das vorbildhafte Verhalten der Propheten genauer anschauen, sehen wir, daß der Lehrer oder das Vorbild unbedingt die Eigenschaften besitzen muß, die er dem Schüler mitteilen will. So ist es normalerweise unmöglich, daß ein feiger Lehrmeister jemanden zu einer mutigen und tapferen Person erzielt. Oder aber auch, daß ein in seinen Ansichten und Ideen freier Gelehrter aus einer engstirnigen, parteigeistigen und fanatischen Schule hervorgeht. So spricht auch Gott: »Ist wohl jemand, der zur Wahrheit leitet, nicht würdiger, daß man ihm folge, als jemand, der nicht leitet, es sei denn, er würde selbst geleitet? Was ist mit euch, wie urteilt ihr nur?«[131] »Wollt ihr etwa den Menschen gutes Benehmen gebieten und vergeßt dabei euch selbst?«[132] Und er berichtet, wie Schuaib[133] zu seinem Volk sprach: »Und ich will nicht euch gegenüber das tun, was ich euch verwehre; ich möchte nur Wohlergehen stiften, wie ich es vermag.«[134]

Aus all diesen Gründen nun ist es unerläßlich, daß der Lehrer und Erzieher völliges Vertrauen und festen Glauben an seine Lehren und seine Erziehung hat. Denn der Mensch, der diesen Glauben an das, was er sagt, nicht besitzt, ja selbst der Heuchler, der sich hinter rechtschaffenen Taten und Worten verbirgt, die nach außen hin den Anschein

---

[131] Sure 10, Vers 35.

[132] Sure 2, Vers 44.

[133] Jethro (Schwiegervater des Propheten Moses).

[134] Sure 11, Vers 88.

eines aufrichtigen und reinen Glaubens geben, wird als Erzieher stets die eigenen Charakterschwächen weitergeben.

Auch wenn die Zunge in der Lage ist, zwischen sich und dem Herzensinneren eine Differenz zu schaffen, indem sie das spricht, was Herz und Geist nicht sprechen, so ist doch andererseits das Wort eine Handlung – in diesem Falle Heuchelei – und zeugt wiederum vom Geist der tatsächlichen Überzeugung. Wie sollte also die Tat der Natur des Täters widersprechen? Von dieser Tatsache ausgehend, erwähnt Gott seine Propheten im koranischen Text zunächst allgemein und erinnert im Anschluß daran, daß er sie mit der Leitung zur göttlichen Einheit ausgezeichnet hat, ohne irgendeinen weiteren Anhaltspunkt zu nennen. Nichts weiter wird in diesem Zusammenhang in der Schrift für nennenswert oder erwähnenswert erachtet. Darauf weist schließlich sein Wort hin: »Und hätten sie (mit ihm oder neben Ihm) Teilhaber genommen, so wären ihre Taten gewiß zunichte geworden.«[135]

Sinn und Zweck der Berufung der Propheten

Es stellt sich nun die Frage, ob vierzehnhundert Jahre nach der Berufung des letzten Propheten die Philosophie und der Nutzen der prophetischen Mission für uns heute noch aktuell sind oder nicht. Ein Blick in die religiösen Quellen zeigt, daß die von den Propheten offenbarten Schriften drei wesentliche Grundelemente gemeinsam haben:

1. Den Aufruf zur Knechtschaft gegenüber Gott, d.h., ausnahmslos alle Propheten und vor allem das Siegel der Propheten haben mit ihrer klaren Beschreibung der menschlichen Würde und der Essenz Gottes die menschliche Gesellschaft auf ihre grundlegende Verantwortung hingewiesen. Gott weist im Koran mit aller Deutlichkeit auf diesen Punkt hin: »Ich habe die Dschinn und die Menschen nur erschaffen, damit sie Mir die-

[135] Sure 6, Vers 88.

nen.«[136] »Wahrlich, Gott ist mein Herr und euer Herr, darum dient ihm; dies ist ein gerader Weg.«[137]

2. Die Menschen davon abzuhalten, ihre Würde und ihre Begabungen den Tyrannen und Unterdrückern zu opfern. Imam Ali beschreibt diesen Aspekt in dem Werk Nahdsch al-Balagha: »Gott hat Seine Gesandten berufen, um Seine Diener von der Anbetung der Götzen zu Seiner Anbetung, und von Gehorsam gegenüber dem Satan zum Gehorsam Gott gegenüber zu lenken.«[138]
3. Den Menschen an sein Abkommen mit Gott zu erinnern und ihm seine Dienerschaft gegenüber Gott und die Gaben, mit denen Gott den Menschen zu seiner Vervollkommnung gesegnet hat, bewußtzumachen. Ferner sollen das Denkvermögen und die Vernunft des Menschen wiederbelebt werden, damit er sowohl im Diesseits wie auch im Jenseits Glückseligkeit erlangen kann.

Um denjenigen Meinungen zu begegnen, die mit der Berufung der Propheten den Gebrauch der Vernunft als überflüssig betrachten, spricht der Koran in mehr als dreihundert Versen auf vielfältige Art von der Falschheit derartiger Gedanken. Aus koranischer Sicht liegt der Erfolg des Menschen im individuellen und sozialen Bereich einzig und allein im aktiven Gebrauch seiner Vernunft und seines Denkvermögens.

Vergänglichkeit und Beständigkeit des Menschen

Was ist das Leben? Wie sollen wir leben? Woher kommen wir? Wo stehen wir? Auf welches Ziel bewegen wir uns zu? Welche Bedingungen müssen für das ewige Sein erfüllt sein?

Diese und ähnliche Fragen hat der Mensch sich zu allen Zeiten gestellt und stellt sie immer noch. Der Mensch wird keine Ruhe finden, solange er diese Fragen nicht beantwor-

---

[136] Sure 51, Vers 56.
[137] Sure 3, Vers 51.
[138] Nahdsch al-Balagha: Khutba (Ansprache) Nr. 147.

tet hat. Die Geschichte der Menschheit zeigt uns, daß der Mensch den Wunsch, ewig zu sein, immer hatte, ohne ein klares Bild über die Beständigkeit zu besitzen oder die Wege dazu zu kennen und über klare Antworten zu verfügen, weshalb diese Wünsche weiterbestehen. Dieses Anliegen ist dermaßen stark, daß er überhaupt nichts anderes hören will außer der Symphonie der Ewigkeit. Mephistopheles sagt: »Alle Hypothesen sind schwarz, nur der goldene Baum des Lebens ist grün!«[139]

Rumi sieht die Neigung des Menschen nach Unvergänglichkeit tief in seinem Begehr eingebettet. Er drückt dies folgendermaßen aus: »Die Substanz des menschlichen Daseins ist so beschaffen, daß sie das Verlangen nach Ewigkeit mit sich trägt und die Wehklage danach in seinem Herzen verbirgt. Weil sie aus der Ewigkeit kommt und sich dorthin fortbewegt, vom Unvergänglichen stammt und ebenso zum Unvergänglichem heimkehrt, vom ewigen Leben zum ewigen Leben.«[140]

Die Rolle der Menschen im »Drehbuch des irdischen Lebens der Menschen« ist das Entdecken des Geheimnisses des ewigen Seins. Diese Expedition endet dort, wo er merkt, daß ewig zu sein nichts anderes ist als die vergängliche Welt zu verlassen. Und sein vergänglicher Körper ist weder von fortdauernder Natur, noch hat er die nötige Ausdauer dafür. Aber die Seele und der Geist verfügen über eine fortdauernde Natur und über die notwendige Beständigkeit. Hierzu sagt Rumi: »Der Kern des Geistes steht über allen Talenten. Seine Gewohnheit ist nicht das, was man sieht, sondern sie ist göttlich.«[141] Der Körper ist ein Symbol für die kleine Welt, und der Geist und die Seele sind die wahren Symbole für die große Welt.

---

[139] Khilqat-e Insan v. Yadullah Sahabi: S. 94.

[140] Mathnawi.

[141] Mathnawi.

Nun es ist der Mensch, der zwischen diesen beiden Welten wählen kann. Er kann sich die kleine Welt suchen, die die Eigenschaft hat, den Menschen je nach Grad seiner Verstrikkung in ihre Probleme kleinlich, ausgeliefert, schwach und vergänglich zu machen. Andererseits, je mehr der Mensch sich der großen Welt nährt, desto beherrschter, größer, angesehener und unvergänglicher wird er. Der Mensch ist aufgrund des Charakters seines wahren Daseins und des göttlichen Ursprungs seiner Seele in seinem Herzen ständig auf der Suche nach Gottes Nähe und verspürt ein bewußtes oder unbewußtes Verlangen nach ihm.

Dieses Verlangen nach Gott rührt daher, daß Gott vollkommen ist. Nach Erhebungen der gegenwärtigen Philosophen und zum Teil auch der Mystiker ist diese Suche nicht nur das Schicksal der Menschen, sondern auch alle anderen Wesen haben dieses Schicksal, weil sie Mangel und Unvollkommenheit in ihrem Wesen verspüren; und das ist die treibende Kraft, um sich auf den Weg der Vervollkommnung zu begeben.

Der Unterschied zwischen dem Menschen und anderen Wesen liegt darin, daß der Mensch den Weg zur Vervollkommnung bewußt und mit gutem Wissen und Gewissen einschlägt, und wenn die äußerlichen Bedingungen zum korrekten Erkennen der Bedürfnisse und Mängel disponibel wären, würde diese rituelle Reise eine Wanderung der Liebe werden. Und nun erst kommt die Frage auf: Was ist die Liebe? Was sind ihre Spielregeln? Die Liebe ist als Geheimnis der Ewigkeit bekannt, sie ist nicht mit Worten zu beschreiben oder in Büchern zu lesen, sondern muß selbst erlebt werden. Hier bewegt sich die Pracht des wahren Daseins des Menschen in der Richtung seines Ursprungs. Die Liebe ist wie eine berauschende Symphonie, die die innersten Wünsche und die Herzensschätze des Menschen enthüllt. Sie ist keine sachlich abgewogene Handlung.

Sie verbirgt das Unheil und den Heiltrank in sich, und das Leben ist auch nicht anders! Mal wachsam, mal berauscht, mal laut, mal lautlos, mal unendlich begeistert, mal zutiefst bekümmert, und all dies ist die Tonleiter der Symphonie der Liebe, die sich im Leben akzentuiert. Der Dichter Rumi sagt: »In der Tiefe und Höhe des Flötenklanges bergen sich Geheimnisse. Erzähle ich dir das Geheimnis, vermenge ich das Universum. Wer kennt besseres Gift und Gegengift als die Flöte? Wer kennt einen besseren regsamen Begleiter als die Flöte?«[142] Es ist nicht zuviel gesagt, daß dies die treibende Kraft ist, die den Menschen durch die anstrengenden alltäglichen Lebenssituationen begleitet. Die Menschen, die ihr Leben mit absoluter Rationalität gestalten, werden fragen: Was ist mit unserem Verstand geschehen, daß wir nun zur Liebe Zuflucht suchen?

Diejenigen, welche die wahre Liebe erfahren haben (also nicht diejenigen, die sie nur in Worten erfahren haben und deren Herz davon nicht betroffen ist), werden bestätigen, daß zwischen Liebe und Ratio kein Widerspruch besteht. Wenn die Ratio (der Verstand) die innerste der religiösen Wahrheiten erkennt, wird sie sich in ihrer herrlichen Herzenswärme in Liebe umwandeln. Hierzu sagt Rumi: »Wann geht die Vernunft durch die Gassen der Hoffnungslosigkeit? Es ist die Liebe, die sich dorthin mit dem Kopf begibt. Der Wanderer ist die Liebe, nicht die Vernunft. Sie prüft ihren Gott nicht! Sie klopft auch nicht an die Tür, wo ihre Gunst oder Ungunst ruht.«[143]

Das Gewand der Liebe wird dann die Vernunft bekleiden, wo es sich in ihre Verliebtheit begibt, und erst dann wird es in dem Glanz der Symphonie der Liebe dem Leben eine himmlische, göttliche Gestalt geben. Was hier erzählt wurde, ist die Geschichte der Liebe in der Welt der Worte. Die

---

142 Mathnawi.

143 Mathnawi.

Liebe soll erfahren werden, damit man sie versteht. Rumi sagt: »Wie auch immer ich über die Liebe erzähle und darzulegen versuche – sobald ich zur Liebe selbst zurückkehre, bin ich verlegen vor meiner kargen Aufführung. Obwohl die Darlegung durch die Sprache klärend ist, ist die sprachlose Liebe fruchtbarer.«[144]

3. 3. Gefälligkeit und Milde im Islam

Gefälligkeit und Milde gegenüber den Despoten und Tyrannen wird im Islam als »Mudahana«[145] bezeichnet. Hierzu lesen wir im Koran: »Dein Herr weiß am besten, wer von seinem Wege abirrt, und er kennt am besten die Rechtgeleiteten. Darum gehorche nicht den Leugnern. Sie möchten gern, daß du dich einschmeicheltest, dann würden auch sie sich einschmeicheln. Und gehorche nicht irgendeinem verächtlichen Schwörer.«[146]

Hier wird ersichtlich, daß die Frevler möchten, daß der Prophet ihnen mit »Mudahana« begegnet und von seiner Pflicht, zum Islam aufzurufen, zurücktritt und damit nachlässig umgeht. Sie verlangen dies, damit ihre Wünsche in Erfüllung gehen, und haben deshalb vorgeschlagen, daß der Prophet ihre Götzen nicht stören sollte und sie dafür seinen Gott in Ruhe ließen. Aber Gott ruft die Propheten zum Widerstand auf.

Nun wird die Frage nach den Menschenrechten und der Toleranz aufkommen. Hierzu muß man sagen, daß Milde und Barmherzigkeit eine hochrangige Stellung im Islam einnehmen, aber nicht gegenüber den Frevlern und Despoten. Diese Milde und Barmherzigkeit wird lediglich Unterprivilegierten und Unterdrückten entgegengebracht. Gott hat die Grenzen von Milde und Barmherzigkeit, Erbarmen,

---

144 Mathnawi.

145 »Schmeichelei«.

146 Sure 68, Vers 7-10.

Mitgefühl und dergleichen festgelegt. Hierzu lesen wir im Koran: »Mohammad ist Gottes Gesandter; und die bei ihm sind, sind streng mit den Ungläubigen und gütig zueinander.«[147]

Damit wir die Ansichten des Korans über die Milde und das Erbarmen gegenüber den Despoten und Unterdrückern besser kennenlernen, müssen wir verschiedene Verse zur Kenntnis nehmen: »Und gehorche nicht irgendeinem verächtlichen Schwörer.«[148] »O Prophet, suche Schutz bei Gott und gehorche nicht den Ungläubigen und Heuchlern. Wahrlich, Gott ist allwissend und weise.«[149] »Und gehorche nicht dem, dessen Herz wir der Erinnerung an uns achtlos machten, der seinen bösen Gelüsten folgte und dessen Angelegenheit ausschweifend war.«[150] »So tue denn offen kund, was dir befohlen ist, und wende dich ab von den Beigesellern.«[151] »Darum wende dich ab von dem, der unserer Ermahnung den Rücken kehrt und nichts begehrt als das Leben in dieser Welt.«[152] »Euch euer Glaube, und mir mein Glaube.«[153]

In diesen Versen wird die Haltung des Islam gegenüber den Despoten und Ähnlichen ersichtlicher. Der Islam fordert uns auf, nie den Leugnern, Unterdrückern und Despoten zu vertrauen und ihnen nie achtlos Milde zu zeigen, andernfalls würde dies der islamischen Gesellschaft Schaden zufügen.

Diejenigen, die den islamischen Geboten folgen und sie praktizieren möchten, müssen wissen, daß es ein unverzeihlicher Fehler ist, Kompromisse mit den Feinden des Islam zu

[147] Sure 48, Vers 29.
[148] Sure 68, Vers 10.
[149] Sure 33, Vers 1.
[150] Sure 18, Vers 28.
[151] Sure 15, Vers 94.
[152] Sure 53, Vers 29.
[153] Sure 109, Vers 6.

schließen. Hierzu sagt Imam Ali: »Niemand vermag die Sache Gottes zu vollbringen, außer wer nicht schmeichelt, sich nicht erniedrigt und nicht den Wünschen folgt.«[154] Die Lebensweise der Propheten zeigt uns, daß sie sich nie schmeichelnd gegenüber den Frevlern verhalten haben. Sie erduldeten unzählige Schwierigkeiten, aber sie haben vor dem Unrecht niemals kapituliert. Imam Ali sagt außerdem: »Wenn ihr die Wahrheit erkannt und erfaßt habt, so schmeichelt nicht in ihr, denn dann erleidet ihr einen deutlichen Verlust.«[155]

Imam al-Baqir berichtet: »Gott offenbarte dem Propheten Schuaib: ›Ich werde hunderttausend von deinem Volk bestrafen; vierzigtausend Frevler und sechzigtausend Gläubige.‹ Schuaib fragte: ›O Gott, die Strafe für die Frevler ist berechtigt, aber warum werden auch die Gläubigen bestraft?‹ Und Gott offenbarte ihm: ›Die Gläubigen werden für ihre Zurückhaltung gegenüber den Frevlern bestraft und für ihre Gleichgültigkeit gegenüber Unrecht und Unterdrükkung.‹«[156]

Genaue Forschung und das Studium des Korans und der Lebensweise der Propheten zeigen uns deutlich, daß man sich gegenüber dem Unrecht und den Frevlern nicht nachlässig und gleichgültig verhalten darf. Die Konsequenz solch eines Verhaltens seitens des Volkes ist uns aus der Zeit der Herrschaft von Muawiya bekannt, welche zur Tragödie von Aschura[157] führte.

---

[154] Nahdsch al-Balagha: Hikma (Weisheit) Nr. 110.

[155] Tuhaf al-Uqul: S. 100; Bihar al-Anwar: Bd. 77, S 291.

[156] al-Kafi: Bd. 5, S. 55, Bab al-Amr Bi al-Maruf, H. Nr. 1.

[157] Der zehnte Muharram im Jahre 60 der Auswanderung (Hidschra) [680 n. Chr.], da die Söldnertruppen des Kalifen Yazid ibn Muawiya, den Enkelsohn des Propheten al-Hossein ibn Ali ibn Abi Talib und seine Gefährten in Karbala niedermetzelten. Er hatte sich gegen das korrupte Kalifat von Yazid aufgelehnt.

Rang und Würde der Unterdrückten

Gott weist im Koran auf den Rang und die Würde der Unterdrückten, der »Mustadafin«, hin: »Halte dich zu denen, die ihren Herrn am Morgen und am Abend anrufen und sein Wohlgefallen wünschen, und laß deine Blicke nicht über sie hinauswandern, indem du nach dem Gepränge des irdischen Lebens begehrst; und gehorche keinem, dessen Herz wir achtlos machten gegenüber der Erinnerung an uns, der seinen bösen Gelüsten folgte und dessen Angelegenheit ausschweifend war.«[158]

Der Punkt, der vielleicht erklärungsbedürftig ist, ist der Sinn des Wortes »Mustad'afin«. Wird jemand, der sich unter dem Vorwand des Islam und der Religiosität aus dem sozialen Leben zurückzieht, sich dem Schicksal überläßt, sich von Armut und Elend überholen läßt, in der Sprache des Islam ›Mustad'af‹ genannt? Sind Menschen, die ihre Rechte nicht verteidigen und Faulheit und Bequemlichkeit vorgezogen haben und dadurch auch schwach und arm geworden sind, anstatt sich kämpferisch für ihre Rechte einzusetzen, tatsächlich als ›Mustad'afin‹ zu betrachten? Sind etwa jene ›Mustad'af‹, die durch das Bekenntnis zum Islam konvertiert sind und meinen, die ewige Ruhe gefunden zu haben. Diese ist jedoch nur von kurzer Dauer.

Keiner der oben genannten Fälle stimmt mit dem überein, was die Verse des Korans uns im bezug auf die Bezeichnung ›Mustad'af‹ zu verstehen geben. Als ›Mustad'afin‹ werden in der religiösen Fachsprache die Menschen bezeichnet, die sich bewußt und ernsthaft für ihre Rechte eingesetzt haben, denen aber dieses Recht durch ungerechtes Verhalten der Machthaber verweigert wird, obwohl ihre Einwände berechtigt sind und der Wahrheit entsprechen. Gott verheißt solchen Menschen, die rechtmäßigen Erben der Erde zu sein.

[158] Sure 18, Vers 28.

Das ist die schönste Methode, um die Unterdrückten zum Widerstand und zur Standhaftigkeit zu ermutigen, um unermüdlich und selbstbewußt ihre Rechte zu vertreten und sie wiederzuerlangen. Die Lebensweise der Propheten und der Imame ist ein Beweis dafür, daß es eine äußerst wichtige Pflicht der islamischen Gesellschaften ist, sich um die Unterdrückten zu kümmern.

Imam Ali nennt ein schönes Beispiel dafür, indem er Abu Dharr al-Ghifari[159] als einen ›Mustad'af‹ bezeichnet und wie folgt beschreibt: »Ich hatte einen Bruder im Islam; seine Eigenschaften schienen in meinen Augen sehr groß. In seinen Augen war die Welt sehr klein, sein Herz war frei von Regieren. Auf das, was er nicht finden konnte, hatte er auch keinen Appetit, und mit dem, was er verdiente, war er nicht überschwenglich. Meistens war er ruhig, und wenn er sprach, war er den anderen überlegen und stillte den Durst der Fragenden. Er war schwach und ›Mustad'af‹, und bei der Arbeit brüllte er wie ein Löwe und kroch wie eine Schlange in der Wüste. Bevor er zu Gericht ging, gab er kein Urteil ab und machte niemandem Vorwürfe, ohne seine Gründe gehört zu haben. Er ließ sich keine Krankheit anmerken, außer nach seiner Genesung. Über das, wofür er zuständig war, sprach er, und über das, womit er nichts zu tun hatte, vermied er zu sprechen. Wenn er in einer Diskussion unterlag, akzeptierte er es und wurde ruhig. Er mochte das Zuhören mehr, als selber zu reden. Wenn er zwischen zwei Arbeiten zu entscheiden hatte, unterließ er die Arbeit, die mehr mit menschlicher Begierde einherging. Jetzt ist es eure Aufgabe, euch solche Eigenschaften anzueignen; wenn

---

159 Abu Dharr al-Ghifari, ein Gefährte des Propheten: Imam al-Baqir sagte: »Nach dem Tode des Propheten strauchelten [die Nachfolge betreffend] alle bis auf drei: al-Miqdad ibn al-Aswad, Abu Dharr al-Ghifari und Salman al-Farisi.« [Ridschal al-Kaschschi: S. 6].

es euch nicht ganz gelingt, so versucht mindestens, Teile davon umzusetzen.«[160]

Eine Überlieferung von Imam as-Sadiq lautet: »Als Jesus Abschied von seinen Aposteln nahm, versammelte er sie und sprach zu ihnen, daß sie sich um die Schwachen und Unterdrückten zu kümmern haben. Jegliche Milde und sanftes Benehmen gegenüber den Unterdrückern und Tyrannen sollten sie unterlassen.«[161]

Die Würde und der Rang der ›Mustad'afin‹, wie Abu Dharr, Salman, Miqdad und Bilal, sind bei Gott derart erhaben, daß der Prophet hierzu sagte: »Die Unterdrückten sind nicht nur die Erben der Welt, sondern auch hochgeschätzt im Jenseits, und sie sind Führer in Gottes Paradies.«[162] In einer anderen Überlieferung heißt es: »Gott fordert mich auf, die Mustad'afin ins Herz zu schließen.«[163] Und an anderer Stelle heißt es: »Meine Liebe gehört den Armen.«[164] Zu den ausgeprägten Eigenschaften von Imam Ali zählten seine Liebe und seine Brüderlichkeit den Unterdrückten gegenüber, so daß der Prophet zu ihm sagte: »O Ali, Gott hat dir die Gabe der Liebe zu den Armen und Unterdrückten geschenkt; du hast sie dir zu Brüdern erwählt, und sie haben dich zum Imam erwählt!«[165]

Die Lebensweisen des Propheten und seiner reinen Nachkommen sind die besten Vorbilder dafür, wie wichtig es ist, das Recht der Unterdrückten in der Gesellschaft zu sichern und zu unterstützen. Dies wird im Koran als eine öffentliche Verantwortung vorgestellt, und die Menschen sind dazu

---

160 Nahdsch al-Balagha: Hikma (Weisheit) Nr. 289.

161 Al-Kafi: Bd. 1, S. 293, Bab al-Ischara, H. Nr. 3.

162 Sinng. Bihar al-Anwar: Bd. 1, S. 168, Bab 49, H. Nr.: 1 und al-Faqih: Bd. 4, S. 179, Bab al-Wasiyya, H. Nr. 4504.

163 Al-Kafi: Bd. 8, S. 7, Kitab ar-Rawda H. Nr.: 1 (im Verlauf).

164 Sinng. al-Khisal, v. as-Saduq: S. 526: »*Liebe die Bedürftigen.*«.

165 Kifaya al-Athar Fi an-Nass Ala al-A'imma al-Ithna Aschar: S. 184; Bihar al-Anwar: Bd. 36, Bab 41, H. Nr. 216.

aufgerufen, diese Verantwortung zu übernehmen: »Und was ist mit euch, daß ihr nicht für Gottes Sache kämpft und für die der unterdrückten Männer, Frauen und Kinder, die sprechen: ›Unser Herr, führe uns heraus aus dieser Stadt, deren Bewohner Unterdrücker sind, und gib uns von Dir einen Beschützer.‹«[166]

Diesem Vers ist deutlich zu entnehmen, daß Moslem zu sein oder überhaupt ein aufgewecktes Gewissen zu haben und sich dennoch gegenüber Unrecht und Unterdrückung neutral zu verhalten miteinander nicht zu vereinbaren sind. In der dritten Ansprache des Buches ›Nahdsch al-Balagha‹ sagt Imam Ali in Übereinstimmung mit dem göttlichen Befehl des Korans: »Hätte Gott von den Wissenden keinen Eid genommen, daß sie beim Anblick eines Unrechtes und der Unterdrückung der Schwachen nicht schweigen dürfen, hätte ich das Kalifat jemandem überlassen, der keinen Anspruch darauf hat.«[167]

Es ist sicherlich schon klar, daß es mit enormen Anstrengungen und Schwierigkeiten verbunden ist, sich für die Rechte der Unterdrückten einzusetzen und solch einer Verantwortung nachzukommen. Der Verlauf der Menschheitsgeschichte zeigt, daß die Unterdrücker und ungerechten Machthaber keine Hindernisse auf ihrem Weg dulden, und sobald sie es spüren, versuchen sie durch List und Tücke, die Hindernisse und ihre Gegner aus dem Weg zu räumen.

Der Koran gibt immer wieder die göttlichen Gesetzmäßigkeiten bekannt. Eine dieser Gesetzmäßigkeiten ist der Sieg der Unterdrückten durch ihre Willenskraft und ihren starken Glauben über die Unterdrücker. Diesbezüglich lesen wir: »Und wir wollen jenen, die auf der Erde unterdrückt worden sind, Gunst erweisen und sie zu Führern zu machen

---

166 Sure 4, Vers 75.

167 Nahdsch al-Balagha: Khutba (Ansprache) Nr. 3.

und sie zu Erben machen.«[168] Und der Gipfel dieser Gesetzmäßigkeit ist die Gründung einer gerechten Regierung durch den erwarteten Imam Mahdi, durch die die Menschheit eine gerechte Welt erleben wird.

Imam Ali enthüllt diese Gesetzmäßigkeiten in einem seiner weisen Aussprüche folgendermaßen: »Die Welt wird sich wie nach einer Trockenzeit um uns sorgen, wie sich eine Kamelkuh um ihren Nachwuchs sorgt, wenn ihre Milch versiegt ist.«[169] Betrachten wir die Thematik nun aus der Perspektive der Verantwortung gegenüber den Unterdrückten. Aus den Überlieferungen geht hervor, daß der Islam die Moslems und Gläubigen zur Festigung ihrer Beziehungen zu den Unterdrückten auffordert und sie auch zu deren praktischen Unterstützung aufruft.

Gott fordert den Propheten Mohammad auf, seine Beziehungen zu den Unterdrückten zu stärken und sich für deren Bedürfnisse einzusetzen und sich davor zu hüten, den Wohlhabenden und denjenigen, die gefangen sind in irdischen Gelüsten, zur Seite zu stehen. Insbesondere die Wohlhabenden hatten erwartet, daß der Prophet die Unterdrückten ignoriert und sich von ihnen fernhält und dadurch eine Religion für die Wohlhabenden befürwortet und daß sie dadurch sowohl ihr Ansehen in der islamischen Gemeinde bewahren als auch ihre Gelüste und ihre Habgier pflegen können. Hierzu lesen wir im Koran: »Und treibe nicht jene fort, die ihren Herrn am Morgen und am Abend anrufen und sein Wohlgefallen wünschen.«[170]

Mit der Offenbarung dieses Verses und durch die Vorgehensweise des Propheten wurde die Grenze zwischen Unterdrückten und Unterdrückern gezogen. In einer sehr schönen Auslegung in dem Werk ›Bihar al-Anwar‹ sagt

[168] Sure 28, Vers 5.
[169] Nahdsch al-Balagha, Weisheit (Hikma) 209.
[170] Sure 6, Vers 52.

unser Prophet: »O Gott, laß mich als Bedürftiger leben, laß mich als Bedürftiger sterben und laß mich in der Schar der Bedürftigen auferstehen.«[171] Bei dieser Überlieferung ist mit »bedürftig sein« natürlich nicht »arm und obdachlos sein« gemeint. Obwohl den Armen zu helfen und den Bedürftigen mit allen Mitteln zur Seite zu stehen eine Wohltat darstellt, kann die Armut an sich, wie der Prophet sagt, die Menschen bis zur Religionslosigkeit treiben.

Armut kann zum Unglauben führen

So wird ersichtlich, daß ein Moslem verpflichtet ist, seine ganze Kraft für ein würdiges und akzeptables irdisches Leben einzusetzen. Wenn man trotz seiner Bemühungen seine rechtmäßigen Erfolge nicht erntet, weil das System der Unterdrücker dies nicht zuläßt, ist man zumindest seiner Pflicht nachgegangen, und obwohl man in diesem Fall ein Mustad'af, ein Unterdrückter, ist, so ist man dennoch nicht schwach. Moslems sind verpflichtet, andere zu unterstützen, damit diese ihr Recht bekommen. Unter diesem Gesichtspunkt sind alle Gesandten Gottes ›Mustad'af‹, unterdrückt, gewesen, weil ihnen ihre Rechte durch unrechtmäßige Machthaber vorenthalten wurden. Sie hatten mit dem einfachen Volk einen Punkt gemeinsam, nämlich den Kampf gegen Tyrannen und Unterdrücker, und daher waren die Propheten auch immer Auserwählte aus dem einfachen Volk.

Die Propheten beschmutzten niemals ihre heilige Persönlichkeit durch den Hang zu einem ausschweifenden Lebensstil, sie haben sich nie vor Despoten erniedrigt. Dies steht im Gegensatz zu unserer Zeit, da unsere heutigen Reformisten vor den Machthabern auf die Knie gehen und aus dieser Stellung heraus ihre Reformen aufbauen wollen. Die Ge-

---

[171] Sunan al-Bayhaqi: Bd. 7, S. 12; Sunan ibn Madcha: Bd. 2, S. 1381; Sira ibn Kathir: Bd. 2, S. 620.

sandten Gottes stellten sich nie eine mächtigere Unterstützung vor als die Hilfe von Gott und den Willen des Volkes. Gottes Gesandte haben immer ihren barmherzigen und gütigen Blick zum einfachen Volk gewandt und ihre zornigen und erbitterten Blicke keinen Moment von den Tyrannen und den im Überfluß Lebenden abgewandt.

Studien über die islamischen Gesellschaften zeigen, daß diese immer wieder mit Unterdrückung, Armut und verschiedensten Problemen politischer und wirtschaftlicher Art konfrontiert waren und andererseits gerade die Armen und Unterdrückten sich viel mehr als die Wohlhabenden für den Islam interessierten. Da stellt sich die Frage, welche Beziehung zwischen Islam, Unterdrückung und Armut besteht.

Warum wird der Islam immer wieder mit diesen Begriffen in Verbindung gebracht? Werden nach der islamischen Denkweise Armut und Unterdrückung befürwortet? Ist der islamischen Weltanschauung das Leben in Wohlstand und die aktive Teilnahme an allen Angelegenheiten dieser Welt fremd?

Um eine klare Antwort zu bekommen, muß ein grundlegender Aspekt erwähnt werden: Im Laufe der Geschichte wurde immer wieder der falsche Eindruck erweckt, daß die Religion nicht fähig sei, die Anleitung für das Regieren einer humanen Gesellschaft zu geben, bzw. die Fähigkeit dazu wurde in Frage gestellt. Die Gründe dafür sind meines Erachtens in der Umsetzung der islamischen Gesetzen im Alltag der Moslems zu finden.

Wenn hier und da Moslems oder eine islamische Gesellschaft unter wirtschaftlichen, politischen und kulturellen Problemen leiden, ist dies ein Hinweis darauf, daß dort die islamischen Gesetze nicht in vollem Umfang angewandt werden. Und weiter dazu: Wer garantiert, daß die Menschen trotz ihren ehrlichen Bemühungen auch entsprechend dafür entlohnt wurden?

Es waren sehr viele, deren Rechte im Laufe der Geschichte von unrechtmäßigen Machthabern und Tyrannen verweigert wurden. Aus diesem Grunde wird es im Islam empfohlen, sich in solchen Situationen Hand in Hand für seine Rechte einzusetzen und sich gegenseitig zu unterstützen. Die islamische Weltanschauung und die göttlichen Offenbarungen haben immer wieder Entwürfe und Pläne für ein würdiges, persönliches als auch gesellschaftliches Leben gegeben. Wenn die islamischen Entwürfe und Pläne richtig verstanden und umgesetzt werden, werden die islamischen Gesellschaften und die Moslems eine Welt weit entfernt von Armut und Unterdrückung genießen, und es ist selbstverständlich, daß so entstandener Wohlstand den Menschen nicht zu Unzufriedenheit und Grausamkeit den Mitmenschen gegenüber verleitet, sondern es ist ein fruchtbarer Boden, der durch Selbsterziehung und Berücksichtigung der Rechte der Mitmenschen und Befolgung der göttlichen Gebote und Verbote zustande gekommen ist.

Dieser Wohlstand wird als Werkzeug zur seelischen Vervollkommnung und zur Suche nach Gottes Nähe benutzt. Der Mensch soll sein Herz nicht zu sehr an das Irdische hängen, denn er lebt nicht ewig und die Welt ist für ihn nicht der lange gesuchte Ort der Ruhe und Sicherheit. Der Prophet sagt dazu: »Die Liebe zum Irdischen ist das Haupt aller Fehler.«[172]

4. Dialog und Gedankenaustausch

Die Notwendigkeit eines konstruktiven Dialogs und Gedankenaustausches auf internationaler Ebene ist kein neues Phänomen im Islam, sondern mindestens genauso alt wie der Islam selbst. Gott ruft uns nicht nur zum Dialog und Gedankenaustausch auf, sondern sieht gleichzeitig die Würde des Menschen darin. Hierzu lesen wir im Koran:

---

172 Mustadrak al-Wasa'il: Bd. 12, S. 40, Bab 61, H. Nr. 13462-17.

»Gib denn die frohe Botschaft Meinen Dienern; es sind diejenigen, die auf das Wort hören und dem besten von ihm folgen.«[173] »Es gibt keinen Zwang im Glauben. Der richtige Weg ist nun klar erkennbar geworden gegenüber dem Irrtum.«[174]

Die beiden erwähnten Verse verweisen auf eine freie und neugierige Seele, die ein religiöser Mensch hinsichtlich der Kultur und Denkweise besitzen sollte. Die Frage, die jetzt eventuell aufkommt, ist, ob sich Dialog und Gedankenaustausch erübrigen, da die Religion sich immer im Recht und auf dem richtigen Weg weiß.

Die Antwort wäre, daß Überzeugung als Folge von Dialog und Gedankenaustausch nie im Widerspruch zur religiösen Überzeugung und dem Praktizieren ihrer Gebote und Verbote steht. Denn ein Dialog kann nicht zustande kommen, wenn die Ideen und kulturellen Werte einer Gesellschaft nicht respektiert werden.

Was können von sich entfremdete und unkultivierte Menschen zum Dialog und Gedankenaustausch beitragen? Was haben die entfremdeten Gesellschaften im Rahmen eines Dialogs und Gedankenaustauschs anzubieten?

Auf irgendein Ergebnis eines Dialogs zwischen solchen Gesellschaften zu warten ist ein Trugschluß. Ein Dialog kommt nämlich nur dann zustande, wenn die Dialogpartner auch etwas anzubieten haben und sich durch den Dialog gegenseitig zu verbessern suchen. An dieser Stelle soll auf einen Hauptaspekt verwiesen werden: Hin und wieder hört man von Dialogen und Zusammenkünften rund um den Globus, aber leider sind viele Moslems, die sich als Dialogpartner für den Gedankenaustausch anbieten, nicht kompetent genug.

---

[173] Sure 39, Vers 18.

[174] Sure 2, Vers 256.

Viele kennen die theoretischen und praktischen Grundlagen des Islam nicht genügend, um in einen konstruktiven Dialog zu treten. Wir können nur Fortschritte erzielen, wenn wir mit Überzeugung und Sicherheit und mit einer genauer Kenntnis des Islam im Dialog zwischen Völkern und Kulturen auftreten und das anbieten, was wir haben, und das annehmen, was uns im Rahmen der Gebote erlaubt ist.

Ein anderer erwähnenswerter Aspekt ist, daß grundsätzlich diejenigen, die einen Dialog verweigern, in ihrem Gedankensystem nicht gefestigt sind und sich entfremdet und ohne feste Rückendeckung fühlen.

Warum sollte sich der Islam, der ein hervorragendes und starkes Gedankensystem und eine feste Grundlage hat, vor dem Dialog fürchten und diesen verweigern?

Vielleicht taucht hier die Frage auf, warum die Moslems nicht in fortschrittlichen und mächtigen Positionen sind, wo der Islam doch all die bewegenden Begabungen und Talente in sich birgt. Diese Frage beantwortet uns der französische Schriftsteller, Orientalist und Soziologe an der Pariser Universität Sorbonne, Maxim Rodinson in seinem Buch ›Islam und Kapitalismus‹. Er sagt: »Die Moslems haben den Islam nie in seiner wahren Form praktiziert, um daraus entstehende Früchte ernten zu können.«

Damit wir die Misere der islamischen Welt verstehen, warum sie trotz einer sehr starken und reichen Philosophie und Denkweise noch keine Fortschritte erreicht hat, sollten wir seiner Meinung nach die westlichen, sozialwissenschaftlichen Auslegungen über die Geschichte der islamischen Gesellschaften ignorieren, weil jede Gesellschaft ihre eigentümlichen Eigenschaften hat.

4. 1. Islamische Identität und Nationalismus

Nun nähern wir uns in gewisser Weise der Frage, ob der religiöse Glaube mit der stetigen Weiterentwicklung des irdischen Lebens vereinbar ist oder nicht.

Jeder denkende Mensch, der vorurteilsfrei im Geschichtsbuch der Zivilisationen blättert, begegnet in verschiedenen Epochen einer Blütezeit der islamischen Zivilisation. Mit seiner Erkenntnis von der außergewöhnlichen potentiellen Stärke des Islam im Hinblick auf die Neugestaltung einer blühenden und fortschreitenden Zivilisation wird er sich mit der Frage konfrontiert sehen, welche Gründe das heutige Schicksal der islamischen Zivilisation verursacht haben.

Warum haben sich die islamischen Gesellschaften von ihrer führenden Stellung verabschiedet und sich anderen Gesellschaftsordnungen unterworfen und sind in sich zerfallen?

Die Denker in den jeweiligen Gesellschaften haben auf verschiedenen Gründen für diesen Niedergang der islamischen Zivilisation beharrt: Die Perser führen dies auf den Traditionalismus der Araber und der Omajaden zurück. Die Araber behaupten, daß die Iraner sich in die Verwaltung der islamischen Gemeinschaft eingemischt hätten. Die Osmanen beschuldigten die westliche Welt der List und Tücke.

Die Intellektuellen sehen zum Teil im Traditionalismus oder im Modernismus die Ursache für diese Misere. Manche schreiben den Vorfahren die Schuld zu, und andere wiederum machen die Zeitgenossen dafür verantwortlich. Mit den Worten von Imam Ali gesprochen: »Der Ignorant ist niemals etwas anderes als ein Über- und Untertreiber.«[175]

Unwissenheit, Fehlinterpretation und ein falsches Verständnis im Hinblick auf die Ursachen des Untergangs der islamischen Zivilisation haben dazu geführt, daß die Führer dieser Gesellschaften und Zivilisation unüberlegte Taten begingen. Die seitens der Türken vertretene Interpretation des Untergangs des Osmanischen Reichs als Resultat der

---

175 Ghurar al-Hikam: S. 74, H. Nr.: 1150; Vgl.: Ghurar al-Hikam: S. 75, H. Nr.: 1189 »Nicht anders sieht man den Unwissenden, als über- oder untertreiben«.

westlichen Intrigen hat zu militärischen Konflikten mit dem Westen geführt. Auf diese Weise haben die Türken nicht nur ihr Nationalvermögen vergeudet, sondern auch militärische Niederlagen erlitten. Wo sie sich ihre Unfähigkeit in der Führung ihrer Gesellschaft nicht eingestehen konnten, haben sie den Islam dafür verantwortlich gemacht. Die Folgen dieses sinnlosen Feldzuges waren letztlich nur Zweifel und Unsicherheit in bezug auf die Fähigkeiten des Islam zur Verwaltung der Gesellschaft.

Aber damit nicht genug. Sie sind sogar so weit gegangen, den Westen immer mehr in den Mittelpunkt zu stellen und Schritt für Schritt die Trennung von Religion und Politik voranzutreiben; und unter dem Einfluß des säkularistischen Denkens haben sie ihre Traditionen, Kultur, Schrift und ihre Lebensweise als solche gemäß dem westlichen Vorbild umgestaltet.

Niemand ist einem innergesellschaftlichen Dialog und dem interkulturellen Austausch über moderne Errungenschaften abgeneigt. Ein Hauptproblem liegt darin, daß der Islam immer wieder fehlinterpretiert wurde und seine Würdenträger instrumentalisiert wurden. Dies läßt sich nicht mit einem konstruktiven Dialog auf der Grundlage der Vernunft nicht vereinbaren. Die Verbreitung von Hoffnungslosigkeit im Hinblick auf die metaphysischen Ideen und Denkweisen, und die unfaire Gegenüberstellung von irdischer Glückseligkeit und religiösem Glauben sind nicht vergleichbar mit der Art und Weise, wie der Islam der imperialistischen Ideologie begegnet und jeglicher Verletzung der menschlichen Würde und Identität Widerstand leistet.

Philosophen sind sich nicht erst seit heute der Notwendigkeit eines interkulturellen Dialogs bewußt – dieser wurde bereits in früheren Zeiten erkannt und gefördert.[176] Diesbezüglich wird man in den Geboten und Verboten des religiösen Denkens weder Engstirnigkeit noch Dogmatismus oder Aberglauben finden.

Sayyid Dschamal ad-Din spricht in seinem Werk »Die Wahrheit über die naturalistische Religion«[177] von drei Grundpfeilern, die jedem interreligiösen Dialog zugrunde liegen sollten:

1. Überwindung jeglichen Aberglaubens im tiefsten Herzen und in der Erinnerung des Menschen,
2. Würdigung des Menschen und Stärkung seines Selbstbewußtseins und seiner Persönlichkeit,
3. Begründung des religiösen Denkens und Durchführung eigener Denkprozesse, anstatt diese nachzuahmen und zu übernehmen.

Der Verlauf der Entwicklungen in den islamischen Ländern während der letzten zwei oder drei Jahrzehnte spiegelt nichts anderes als Unzufriedenheit wider. Diese Unzufriedenheit resultiert aus einer verlorengegangenen Spiritualität, aus Gesetzlosigkeit, Ungerechtigkeit, zerstörten islamischen und menschlichen Werten, fehlender Ethik und Moral, einer Zivilisationskrise, dem Mangel an gesunden Lebensbedingungen und der Willkür der Machthaber.

Die gegenwärtige Unzufriedenheit und die aktuellen Schwierigkeiten in den islamischen Ländern nähern sich ihrem Höchststand und nehmen konkrete Gestalt an, und manchmal wird sogar über Lösungsmöglichkeiten nachgedacht.

- Was ist die Lösung?
- Was soll getan werden?
- Wo sollte man anfangen?

---

176 Vgl. Hamid Reza Yousefi: Der Toleranzbegriff im Denken Gustav Menschings. Eine interkulturelle philosophische Orientierung (Bausteine zur Mensching-Forschung Bd. 7), Nordhausen 2004.

177 »Nidscheriye Ya Naturalism«.

• Welchen Weg sollte man einschlagen?

Das sind die Fragen, mit denen sich der Mensch heute ernsthaft auseinandersetzen muß. Die Untersuchungen, Erfahrungen, Ideen und Ansichten der Intellektuellen in den aufgeklärten und informierten Gesellschaften zeigen, daß die islamischen Gesellschaften nur eine Möglichkeit haben, um ihre verlorene Würde und Ehre zurückzuerlangen, und zwar die Rückbesinnung auf ihre islamische Identität.

Die Menschen in den islamischen Gesellschaften gelangen zunehmend zu dieser Erkenntnis und versuchen, den beschwerlichen Weg zurück zu ihrer reinen und heiligen islamischen Identität zu gehen, und das ist ein Anlaß für große Hoffnung. Der göttliche Geist und die reinen himmlischen Lehren können die aus der Entfremdung von seiner ursprünglichen Veranlagung resultierende spirituelle Leere des Menschen überwinden und sein Herz wiederbeleben.

Ein solches Ziel impliziert natürlich heftige Auseinandersetzungen und große Hindernisse. Die Führer in solchen Streitigkeiten sind die Auserwählten der islamischen Gesellschaften. Sie sind sich ihrer Verantwortung bewußt und stehen dazu. Sie erfüllen ihre Aufgaben unermüdlich und ohne zu zögern, und bei allem richten sie ihr Augenmerk einzig und allein auf ihr erhabenes Ziel, nämlich die Menschheit aufzuklären und zu ermutigen, sich aktiv für ihr Wohlergehen einzusetzen.

Wir sind fest davon überzeugt, daß die islamischen Gesetze und Gebote vollkommen sind und der Herrschaft der Vernunft und des Verstandes wieder zum Durchbruch verhelfen können. Es ist jedoch die Aufgabe der Gelehrten und der Religionswissenschaftler, die mannigfaltigen Dimensionen von Gerechtigkeit, Freiheit und Ethik wieder aufzuzeigen und den Koran zeitgemäß zu interpretieren. Gott betont diesen Vorzug des Islam mit folgenden Worten: »Jenes

Buch, darin ist kein Zweifel, es ist eine Rechtleitung für die Frommen.«[178]

Deshalb dürfen wir nicht vergessen, daß die Rückkehr zum reinen islamischen Denken, d.h. zum Koran, und das Wissen von fortschrittlich geprägten religiösen Gesellschaften sowie die Überwindung von Aberglauben und Illusionen, die das Gesicht der heiligen Religionen bedecken und die Anwendbarkeit der Religion an sich in Frage stellen, hilfreiche Aspekte auf diesem Weg sein werden.

Die Bemühungen, eine mit den koranischen Vorschriften übereinstimmende Atmosphäre zu schaffen, in der sich die Menschen vorurteilsfrei und undogmatisch austauschen können, werden unsere Annäherung und unsere Kooperation erleichtern und beschleunigen. Die Rückkehr zur islamischen, menschlichen Identität, auf der eine junge, dynamische, moderne, blühende und starke Gesellschaft basiert, sollte nicht allein auf der göttlichen Offenbarung und der Lebensweise des Propheten gründen, sondern gleichzeitig auch vor zwei Übeln schützen: erstens Selbstaufgabe und unkritische Anpassung an alles Moderne, und zweitens, sich nur auf die frühere Blütezeit des Islam zu beschränken.

In diesem Zusammenhang muß betont werden, daß wir keineswegs die Dienste leugnen oder ignorieren, welche die moderne Technologie und Industrie dem Menschen leistet, denn das leugnet kein denkender Mensch. Aber wir möchten darauf hinweisen, daß diese Möglichkeiten und der Nutzen dieser Entwicklungen nicht als Vorwand dafür dienen dürfen, den Glauben und die menschlichen Gefühle der islamischen Gesellschaften absichtlich oder unabsichtlich zur Zielscheibe werden zu lassen und die Moslems allmählich ihrer Identität zu entfremden, denn diese bittere Erfahrung haben wir in diesem Jahrhundert gemacht. Sich andererseits nur auf die frühe Blütezeit des Islam zu konzentrie-

---

[178] Sure 2, Vers 2.

ren und diese als absolut anzusehen wird uns in der Umgestaltung der islamischen Gesellschaft nie voranbringen, vielmehr unsere Talente und Möglichkeiten hemmen und jeglichen Fortschritt verhindern.

Eine Mischung von positiven Entwicklungen und wahrer islamischer Zivilisation und deren Anwendung, aus den Ursachen des Niedergangs der Zivilisationen Lehren zu ziehen und unser Augenmerk auf eine blühende Zukunft zu richten, wird uns helfen, die Würde und Ehre der islamischen Gesellschaften zu sichern. Dies alles kann nur dann gelingen, wenn wir unsere Möglichkeiten erkennen und wieder finden, an uns glauben, Einigkeit bewahren und Engstirnigkeit und Dogmatismus vermeiden und unsere wertvollen Gaben, d.h. unser Talent und unsere Zeit nicht für Zwietracht verschwenden. Nur dann können wir eine neue Blütezeit in der Geschichte der islamischen Gemeinde erleben.

4. 2. Die Verbindung des Menschen zu Gott

Um unsere Beziehung zu Gott stärken und erweitern zu können, müssen wir Weisheit und Vertrauen gewinnen. Weisheit und Vertrautheit bringen die richtige Dynamik in unsere Annährung an Gott. Ein Tor, ein Ignorant also, wird sich genauso wenig Gott nähern können wie jemand, der kein Vertrauen in Gott hat und dem darum auch Gott nicht vertraut. Es ist ein Zusammenspiel von Weisheit, Erkenntnis und ihrer Dynamik. Es ist das Verhältnis des Erkennens, der Befürwortung und der Erfüllung der Notwendigkeiten derselben Erkenntnis, und die dabei entstehende Dynamik, die uns echten Glauben verleihen, echte Ergebenheit in Gott bedeuten und eine wirkliche Vollkommenheit des Menschen schaffen.

Wer Gott vertraut und ihm sein Vertrauen schenkt, wird feststellen, daß Gott der einzige ist, der niemanden enttäuscht, der auf ihn vertraut. Und wer Gott liebgewinnt, wird beschämt feststellen, daß ihm Gott in seiner Liebe bereits zuvorkam. Einmal an diesem Punkt der Reise angekommen, erlangt der Mensch einen Geisteszustand, den wir als das Gedenken und die Andacht bezeichnen. Diese Andacht ist die Fortführung der Nähe des Menschen zu Gott. Ein Zustand, der nicht durch äußere Zeremonien erlangt wird, sondern durch ein inneres Verhältnis, ein Sichöffnen für die Andacht Gottes. Und auch hier wird der Reisende erfahren, daß, wenn er Gott andächtig ist, auch er ihn bereits in Andacht hält. Diese Andacht und Andächtigkeit, die Gott an einer Vielzahl von Versstellen seines Buches erwähnt und gebietet, ist die Hinführung des Wanderers zu einer Stufe des Erkennens, über die der Prophet sagte: »Eine Stunde nachzudenken, ist besser als Tausend Jahre zu beten.«[179] Oder: »Der Schlaf eines Wissenden ist besser als das Gebet eines Unwissenden.«[180]

Darüber hinaus oder parallel dazu ist die Andacht, dieses Gottgedenken, ein Schutzwall, der es dem wissenden, vertrauenden, weisen, gläubigen und erkennenden Menschen, der sich auf dem Weg seiner Vervollkommnung befindet, nahezu strikt verwehrt, sich in der Allgegenwart Gottes zu vergehen. Zumindest ist die Andacht ein Antrieb zu Reue, Wehmut und Umkehr, und Gott kehrt sich dem zu, der sich zu ihm kehrt. Gott spricht im Koran: »Und gläubigen, die Unrecht begangen haben oder sich wider sich selbst versündigt haben, bitten um Vergebung ihrer Sünden.«[181] Und in einer Überlieferung heißt es: »Wüßten die Meiner Diener, die sich von Mir abwenden, wie groß Meine Sehnsucht nach ihnen ist, sie würden vor Sehnsucht sterben.«[182]

---

[179] Al-Mustadrak: Bd. 11, S. 183, Bab 5, H. Nr.: 12689-2.
[180] al-Faqih: Bd. 4, Bab an-Nawadir, H. Nr.: 5762.
[181] Sure 3, Vers 135.
[182] Sinng. Mizan al-Hikma: Bd. 4, S. 2797.

Das Gottgedenken oder die Andacht ist keine körperliche Erscheinung, weshalb der Andächtige im Moment oder im Zustand der Andacht Gott nicht anzurufen oder ihm zu gebärden braucht, denn Gott ist dem, der seiner gedenkt, nicht fern. Der Andächtige ist deshalb nicht der Sichabwendende, sondern der Sichzuwendende, der sich mit seiner Nähe zu Gott von dem Höllenfeuer fernhält, vor Zweigesichtigkeit und Heuchelei bewahrt, seine Beziehung zu Gott fest und fester macht, sich von Untaten fernhält, seinen Willen und seine Geduld für das Gute und gegen das Böse stärkt und seine Sehnsucht nach Gott erweitert.

Nun möchten wir erörtern, warum das Fundament für eine Entwicklung bis hin zur selbstvergessenen Zuwendung zu Gott im Gedenken und in der Erwähnung des Göttlichen liegt. Ebenso ist dies ein Zeichen für die Liebe Gottes zu den Menschen. Unter Gedenken und Erwähnung des Göttlichen ist zu verstehen, sich stets Gottes bewußt zu sein, seiner zu gedenken und ein aufrichtiges Gespräch mit ihm zu führen. Dieses ist überall und zu jeder Zeit möglich, und die Gläubigen zeichnen sich besonders durch diese Handlung aus. Im Koran heißt es: »O die ihr glaubt! Gedenket Gottes in häufigem Gedenken; und lobpreiset ihn morgens und abends!«[183]

Abgesehen davon, daß das Gedenken und Erwähnen des Göttlichen eine Stärkung der beiderseitigen Beziehung zwischen dem Menschen und Gott bewirkt, stellt es auch eine Art Schutzschild dar, der den Menschen vom Sündigen abhält. Diejenigen, die Schlechtes oder Ungerechtes getan haben, gedenken Gottes und bitten ihn um Vergebung für die begangenen Taten. Es wurde über viele moralische, erzieherische und seelische Auswirkungen geschrieben, die das Gedenken und Erwähnen des Göttlichen mit sich brin-

---

183 Sure 33, Vers 41 und 42.

gen, von denen wir nun an dieser Stelle einige erwähnen möchten.

Imam al-Baqir berichtete, daß in der ursprünglichen Thora geschrieben stehe: »Der Prophet Moses fragte Gott, ob er ihm nahe sei, wenn er ihn flüsternd rufe, oder ob er weit entfernt sei, so daß er ihn laut rufen müsse. Gott offenbarte daraufhin Moses: ›O Moses, Ich bin demjenigen nahe, der Meiner gedenkt.‹ Moses sagte: ›Wer ist in Deiner Obhut an dem Tag, da es keine Obhut außer Deiner Obhut geben wird?‹ Gott erwiderte: ›Diejenigen, die stets Meiner gedachten, diejenigen, derer Ich gedenke, diejenigen, zwischen denen um Meiner willen gegenseitige Liebe besteht. Wahrlich, jene sind es, deren Gedenken mich davon abhält, die, die noch auf der Erde weilen, mit etwas Bösem zu treffen.‹«[184]

In einer Überlieferung hat der Prophet Mohammad folgendes gesagt: »Jemanden, der stets das Gedenken Gottes, mächtig ist er und erhaben, bewahrt, den liebt Gott, und wer Gottes häufig gedenkt, dem wird ein doppeltes Freisein gegeben werden: Freisein vor dem Feuer der Hölle und Freisein vor der Heuchelei.«[185] Als gute Auswirkungen, die das Gedenken und Erwähnen des Göttlichen mit sich bringen, sind zusammengefaßt folgende zu nennen:

1. Die Stärkung der Beziehung zwischen dem Menschen und Gott
2. Das Mittel zum Fernhalten vom Sündigen
3. Einerseits hilft es, das Bewußtsein der Menschen zu stärken, und anderseits bewirkt es eine Stärkung des Willens und der Geduld
4. Die Vermehrung der menschlichen Sehnsucht, zu Gott zu beten und ihm zu dienen.

---

[184] Bihar al-Anwar: Bd. 81, S. 175, Bab 14, H. Nr.: 6 und ebenda Bd. 90, S. 162, Bab 1, im Anhang H. Nr.: 46 tradiert vom Propheten Mohammad.

[185] al-Kafi: Bd. 2, S. 499, Bab Dhikr-u-llah, H. Nr.: 3.

Was muß man konkret tun, um seine Beziehung zu Gott zu stärken und zu festigen?
Wenn man sich genügend Zeit nimmt, findet man die Antwort auf diese Frage im alltäglichen Leben.
Wann begeben wir uns auf die Suche nach Wasser? Wann streben wir nach Wissen? Und wann beten wir?

Die Antwort auf all diese Fragen ist folgende:

Wenn wir spüren, daß wir eines der genannten Dinge benötigen, werden wir naturgemäß danach suchen, streben oder es durchführen.
In all diesen Fällen läßt sich die Natur jeder dieser Beziehungen darauf zurückführen, daß

1. der Mensch Kenntnis über sich und seine eigenen Bedürfnisse erfährt, denn diese erfahrenen Kenntnisse und dieses erfahrene Bewußtsein bringen Weisheit bzw. Erkenntnis;
2. man durch die Beschaffenheit der oben genannten Verhältnisse wie das des Wassers, des Schlafes und des Lernens zu Wissen und Bewußtsein findet, welche wiederum zu Vertrautheit führen.

Wer diese beiden Eigenschaften - Weisheit und Vertrautheit - innehat, wird folglich auch die dritte, die Entschlossenheit, erfahren.

Eine Festigung der Beziehung zwischen dem Menschen und Gott liegt nicht außerhalb dieser Regel. Aus diesem Grunde soll man sich über Gott genügend Kenntnis und Bewußtsein aneignen, denn dann wird das menschliche Leben in die göttliche Richtung gelenkt, so wie ein Durstender sich natürlicherweise auf den Weg macht, Wasser zu suchen.

Insbesondere durch genügend Wissen über sein eigenes Ich und über Gott, seinen Schöpfer, nähert er sich dem wirklichen Empfinden, daß all sein Besitz, sogar sein eigenes Ich, nicht von Gott getrennt sind. Dieses Beispiel von dem Verhältnis des Menschen zu Gott ist wie das eines Tropfens im Vergleich zum Meer, da er - der Tropfen - um so mehr

Würde und Kraft erhält, je näher er seinem Ursprung, dem Meer, kommt.

Da Gott die einzig wahre Vollkommenheit ist, gelangt man nur durch völlige Ergebenheit ihm gegenüber zu wahrer menschlicher Vervollkommnung und ewiger Standhaftigkeit. Besonders zu erwähnen ist, daß der Mensch durch diese liebevolle Beziehung feststellen wird, daß Gott ihn liebt, noch bevor er Gott lieben kann. Sich selbst vergessend wendet er sich dann Gott zu. Deshalb muß, um die Beziehung zwischen dem Menschen und Gott zu stärken, das Verhältnis zwischen Weisheit, Erkenntnis und Entschlossenheit zur menschlichen Vervollkommnung gebracht werden.

Die logische Folge einer Verbindung dieser drei Eigenschaften ist: Je ausgeprägter der Bereich der menschlichen Weisheit und Kenntnis ist, desto größer wird die Liebe sein, und je höher die Flamme der Liebe im Geist des Menschen lodert, desto eher erreicht er sein Ziel. Umgekehrt ausgedrückt: Je geringfügiger der Bereich der menschlichen Weisheit und Kenntnis ausgeprägt ist, desto weniger wird er von der Liebe erhalten. Je weniger er von der Liebe erhält, desto starrer wird er.

4. 3. Solidarität – das Geheimnis der Standhaftigkeit

Jeder Mensch, der sich auf ehrliche Weise mit dem Islam befaßt hat oder auch schon mit ihm vertraut ist, muß zugeben, daß der Islam eine geregelte und strukturierte Religion ohne jegliche Widersprüche ist. Denjenigen, die bewußt und gern die islamischen Grundsätze und Regeln akzeptieren und praktizieren, wird dieses Verstehen und Praktizieren nicht schwerfallen. Diejenigen hingegen, die aufgrund ihrer seelischen Krankheit befangen sind, können den Islam nicht richtig verstehen und danach leben.

Die ersten Moslems, die sich um den Propheten Gottes versammelten und aus seinem gesegneten Munde die ersten

Worte des Islam hörten, erlernten den wahren Islam, ohne von menschlicher Hand unternommene Kürzungen oder Zusätze. Fernab von Uneinigkeiten festigten sie ihren Glauben und lebten danach. Aus diesem Grund war ihnen die Bedeutung der Verse, denen sie begegneten, immer offensichtlich, und sie setzten sie somit in die Tat um.

Trat ein Fall auf, über den sie nachdenken mußten, gebrauchten sie ihre Vernunft, soweit es in ihrem Vermögen stand, um die Wahrheit zu ermitteln und danach zu leben. Wenn es aber zu Meinungsverschiedenheiten kam, ließen sie, durch vernünftig fundierte Argumente aus dem Koran und der Sunna, es nicht zu, daß sich die Herzen der Menschen betrübten, so daß keine Feindschaft unter ihnen entstehen konnte. Aber später, besonders wegen der Eigenwilligkeit, falscher Wünsche des Egos und einer Spaltung untereinander, wurde die islamische Gesellschaft, welche ursprünglich, durch den Segen des Korans zu einer Einigkeit zusammengefunden hatte, in kleinere Sekten und Gruppen aufgeteilt, so daß die schlimmen Auswirkungen bis heute in den islamischen Gesellschaften existieren.

In dieser Gesellschaft, die für ihre Gemeinsamkeit und Freundlichkeit bekannt war, in der die Religiösen und Weisen viele Diskussionen durch Ruhe und Geduld, freundliche Besprechungen und vernünftige, wissenschaftliche Argumente lösten und Klarheit schafften, gibt es leider seitdem zum Teil nicht einmal mehr Geduld und Verständnis, um die offen ausgesprochene Meinung der Glaubensgeschwister zu hören, sondern es besteht schon bei einem geringen Meinungsunterschied die Gefahr, den anderen als religionslos oder als aus der Religion ausgetreten zu bezeichnen.

Es darf aber auch nicht verschwiegen werden, daß tyrannische Kolonialisten. Kolonialisten haben immer mehr dazu beigetragen, daß sich eine breitgefächerte Entwicklungsblockade innerhalb der islamischen Welt vollzogen hat, die den Islam nachhaltig beeinflußte. Dies hat zur Folge, daß der Einfluß der Moslems in mancherlei Hinsicht schwächer ist als der eines Landes mit einer Bevölkerung von fünf Millionen Menschen. Wobei man beachten muß, daß die islamische Gesellschaft, welche aus der unendlichen, göttlichen Kraft gekommen ist, im Besitz der reichen Quelle des Korans ist und die schöne islamische, menschliche Kultur, Moral, Ethik, Sitten und Lebensweise besitzt, mit Leichtigkeit ihre Meinungsverschiedenheiten lösen könnte, um somit zu ihrer ursprünglichen Einigkeit, Pracht und ehrbaren Regentschaft zurückzufinden.

Wenn man berücksichtigt, daß auch heute und für alle Zeiten und für alle Moslems Gott der einzige Gott ist und der Koran derselbe Koran ist und der gesegnete Prophet Mohammad derselbe Prophet ist, kann man schicksalsweisende Schritte gehen. Der größte Beweis dafür, daß dieser Wunsch erfüllt werden kann, ist, daß die Moslems, die im Islam und dem Koran Zuflucht suchten, von allen Problemen und Differenzen befreit waren.

5. Moralische Prinzipien und der Wert des Menschen

Nach einer näheren Erforschung des Korans stellt man fest, daß alle Verse darauf hinweisen, daß der Mensch verpflichtet ist, sich und sein moralisches Denken zu erziehen und im Glauben an Gott zu einer aus islamischer Sicht gerechten Gesellschaft beizutragen.

Die grundlegende Aufgabe des Menschen auf dieser Erde ist die Verwirklichung dessen, was Gott für gut und richtig befindet. Dies läßt keinen anderen Schluß zu, außer daß der Glaube an Gott und das Glaubensbekenntnis[186] nicht alles sind, sondern jeder Gläubige sich auch seiner Verantwortung und Pflicht Gott gegenüber bewußt werden soll. Der Glaube an den einzigen Gott ist wie eine sprudelnde Quelle, die die guten menschlichen Eigenschaften, Werte und Fä-

[186] Arab. asch-Schahadatan.

higkeiten weiter ausbildet und entwickelt und dadurch die menschliche Gesellschaft auf einem besseren, gerechteren Weg zusammenführt.

Gott hat Gesetze erlassen, um den Menschen vor den Verlockungen und Versuchungen des irdischen Daseins zu bewahren und ihn zu einer vernünftigen Denk- und Lebensweise zu führen. Die verantwortungsvolle Aufgabe, die uns Menschen gegeben wurde, kann man in zwei Teile gliedern:

1. Die Verantwortung, die man Gott gegenüber hat und die darin begründet ist, daß wir seine Geschöpfe sind.
2. Die Verantwortung, die man allen Geschöpfen Gottes gegenüber hat.

Die Religion gibt dem religiösen Menschen eine klare und deutliche Lebensweise vor. Nach der islamischen Lehre ist es nicht erlaubt, jemanden zum Glauben und zur Religion zu zwingen, denn die Natur des Menschen, soweit sie nicht durch falsche und negative Einflüsse verunreinigt ist, ist so in ihrem Wesen veranlagt, daß sie immer Gott suchen und finden will. Darum ist es Aufgabe der Propheten und des Korans, die in den Menschen verwurzelten Wünsche und Eigenschaften zu verwirklichen.

Im Koran heißt es: »Wir haben die Kinder Adams geehrt und sie über Land und Meer getragen und sie mit guten Dingen versorgt und sie vor vielen derer ausgezeichnet, die Wir erschaffen haben.«[187] Wer auch nur die geringste Vorstellung und Kenntnis vom Koran hat, weiß, daß Gott dem Menschen einen besonderen Wert beimißt, und bezieht dies nicht nur auf einige bestimmte Menschen oder Gruppen, sondern auf die gesamte Menschheit, sogar auf diejenigen, die noch nicht ihre eigenen menschlichen Fähigkeiten und Vernunft ergründet und benutzt haben, um sich im Sinne dieses Wertes zu entwickeln.

---

[187] Sure 17, Vers 70.

Was ist jedoch die Grundlage dieser Behauptung?

Abgesehen von dem oben genannten Vers können wir zusätzlich die klare Aufforderung von Imam Ali an Malik al-Aschtar anführen aus der Zeit, als der Imam ihn als Regierungsvertreter nach Ägypten entsandte: »Erfülle dein Herz mit Zuneigung für die Menschen, die in dem von dir regierten Land leben, und sei zu ihnen nicht grob und unbarmherzig, denn sie bestehen aus zwei verschiedenen Gruppen: Entweder sie sind Gläubige wie du, oder sie sind Geschöpfe wie du.«[188]

Aus diesem Grunde sind alle Menschen einander gleich, da sie den gleichen menschlichen Wert haben, und selbst wenn sie verschiedenen Rassen, Farben, Sprachen, Geschlechtern oder religiösen Anschauungen und politischen Tendenzen usw. angehören, kann dies keine Überlegenheit der einen gegenüber den anderen bedeuten.

Demgegenüber führt richtiger Glaube mit Sicherheit menschliche Werte zur Entwicklung und Vollendung. In diesem Sinne sagt der Prophet Mohammad: »Alle Menschen sind der Haushalt Gottes, und die beliebtesten von ihnen vor Gott sind diejenigen, die diesem Haushalt den größten Nutzen erbringen. Keiner von ihnen ist vorzüglicher als der andere, es sei denn in Frömmigkeit und guten Taten.«[189]

Eine höhere Stufe der menschlichen Würde zu erreichen geschieht durch die Erziehung des eigenen Ichs. Im Koran lesen wir: »O ihr Menschen, Wir haben euch von einem Mann und einer Frau erschaffen und euch zu Völkern und Stämmen gemacht, damit ihr einander erkennt. Der Edelste von euch ist der Frömmste vor Gott. Gott ist allwissend und erkennend.«[190] Daraus schließen wir, daß die Freiheits- und Grundrechte des Menschen im Islam untrennbare Bestand-

---

[188] Nahdsch al-Balagha: Brief (Kitab) 53.

[189] al-Kafi: Bd. 2, S. 164, Bab al-Ihtimam, H. Nr.: 6.

[190] Sure 49, Vers 13.

teile dieser Religion sind, und zwar in einem Maße, daß sie niemand einschränken oder verweigern darf. Wer außerdem diese Rechte nicht akzeptiert, begeht eine unverzeihliche Sünde.

5. 1. Der Mensch und die Freiheit

Wir Moslems wissen und meinen alle, daß die beste Lebensart die ist, die Gott für uns bestimmt hat. Da nur Gott über all unsere Fähigkeiten, Stärken und Schwächen Bescheid weiß, hat er uns das zwischenmenschliche Umgehen miteinander gezeigt. Aber soll dies heißen, daß der Mensch selbst keinen Einfluß auf sein eigenes Leben hat? Wie sieht dies aus islamischer Sicht aus?

Dem Koran entnehmen wir, daß die Werte und Verantwortungen, die Gott für den Menschen und seine Rolle im Leben vorgesehen hat, viel mehr sind, als es auf den ersten Blick scheint. Darum ruft Gott die Menschen nachdrücklich dazu auf, nachzudenken und bewußt zu handeln, und Handlungen, die unbedacht geschehen, gelten als ungültig. Im Koran spricht Gott: »Die schlimmsten Kreaturen vor Gott sind die, die taub und stumm sind und nicht begreifen.«[191]

Somit ist im Islam das Denken nicht nur nicht verboten oder eingeschränkt, nein, die Aufforderung zum Denken ist sogar eine der wichtigsten Lehren und Botschaften des Islam. Der Mensch soll zum Denken angeregt und motiviert werden, ihm werden innerhalb dessen, was die menschlichen Fähigkeiten erlauben, keine Grenzen gesetzt. Darum erachtet der Islam verschiedene Meinungen und Stimmen für wichtig, um eine gute Basis für das Denken zu haben.

Der beste Beleg für diese Behauptung ist, daß der Koran selbst die Stimmen und Meinungen der Götzendiener und Wahrheitsleugner nicht verachtet. Grundsätzlich beurteilt der Islam es als wichtig, die Meinungen der Nicht-Moslems

[191] Sure 8, Vers 22.

kennenzulernen. Im Grunde kann die Wahl des richtigen Lebensweges erst dann eine Bedeutung haben, wenn man verschiedene Denkarten und Meinungen kennt. So heißt es im Koran: »Gib also meinen Dienern, die auf das Wort hören und dem Besten davon folgen, frohe Botschaft. Sie sind es, denen Gott den Weg gewiesen hat, und sie sind es, die mit Verstand begabt sind.«[192]

5. 2. Philosophie von Ideenerwerb und Ideenflucht

Die Wahl eines Themas, das in verschiedener Weise den Lesern und Gleichgesinnten nützlich sein soll und ihren ideellen Bedürfnissen entspricht, ist für Schriftsteller und jene, die auf kultureller und intellektueller Ebene aktiv sind, stets eine schwierige und äußerst anspruchsvolle Angelegenheit gewesen. Unter Berücksichtigung der ideologischen Rechtleitung der Leserschaft ist es angebracht, den kommenden Themen in Form einer Einleitung einige Zeilen zu widmen und an die Notwendigkeit der Sorge um die religiösen Themen zu erinnern.

Ohne die Bemühungen und Anstrengungen einer großen Anzahl von Kulturexperten und Intellektuellen zu leugnen, müssen wir unter Vermeidung jeglichen »schematischen Denkens« gestehen, daß wir weniger imstande sind, mit den natürlichen und angeborenen Bedürfnissen der Jugend Schritt zu halten und ihren inneren Durst zu stillen, indem wir ihnen Rede und Antwort stehen. Aus eben diesem Grund werden wir in den nächsten Jahren eine riesige Schar von Jugendlichen sehen, die entweder überhaupt keine Fragen haben, deren Beantwortung ihrem theoretischen und praktischen Leben Perspektiven und Ziele geben würde, oder die sich in der Gefangenschaft ihrer Unwissenheit befinden, so daß sie nicht in der Lage sein werden, auf ihre eigenen Fragen einzugehen und aus dieser Ausweglosigkeit

---

[192] Sure 39, Vers 18.

heraus eine gewisse Empfänglichkeit für Zweifel und Unklarheiten entwickeln. Beides jedoch würde für sie bestimmt nur negative Folgen haben.

Vermutlich ist all dies zurückzuführen auf das Fehlen von Verständnis, richtiger Wahrnehmung und echtem Interesse seitens der jungen Generation. Doch das Problem unserer Jungend ist nicht die »Flucht« vor der Religion oder deren »Bekämpfung«, nur wir sind immer vom Gegenteil dieser Tatsache ausgegangen. Die Generation unserer Jugend und im weitesten Sinne eigentlich alle Jugendlichen, die eine gesegnete Sichtweise auf den Glauben und die religiösen Werte haben, zweifeln im Grunde nicht an der Notwendigkeit der Religion. Der aktiven Generation von heute dürstet es nach einer engagierten und energischen Präsenz von Glaubensprinzipien in den gesellschaftlichen Entwicklungen. Diesen Durst werden sie haben, bis sie einen dauerhaften Einfluß der Religion im Dienst und in der Unterstützung und Förderung der angeborenen und gottgegebenen Fähigkeiten des Menschen verspüren, und bis die Religion all das überschattet, was mit ihr im Zusammenhang steht, und bis sie gesehen haben, daß die Religion mit ihnen eine feste Bindung eingegangen ist und Beistand leistet, wenn es zu materiellen oder immateriellen Engpässen kommt. Kann eine anerkannte Religion eigentlich behaupten, es sei unangebracht, all dies von einer Religion zu erwarten?

Wir sind fest davon überzeugt, daß kein anerkannter Religionswissenschaftler behauptet, Religion sei nur für die Selbstreinigung und -läuterung, die Regelung des privaten und emotionalen Lebens und die Ausbildung des Verstandes zuständig und habe mit der externen Welt und den Identitäten der Gesellschaft nichts zu tun.

Religion und Scharia[193] dienen der Förderung zweier Entwicklungen (Diesseits und Jenseits), vor denen es für den Menschen kein Entrinnen gibt. Um zu verhindern, daß er sich den religiösen Wahrheiten anpaßt und das reine Wissen vom »reinen, Mohammad'schen Islam« erbt, sieht er den »Ort der Taten« (Diesseits) als »Ort der Abrechnung« (Jenseits) oder vermischt einfach das Diesseits mit dem Jenseits. Niemals jedoch und unter keinen Umständen opfert er den Glauben an das Diesseits zugunsten des Glaubens an das Jenseits, als wollte er sagen: »Heute ist Arbeit und keine Abrechnung, und morgen ist Abrechnung und keine Arbeit.«[194] Kann man dann noch an das Heute nicht glauben und an das Jenseits glauben?

Angesichts dieses unrichtigen Glaubens hat grundsätzlich niemand, der an das Heute nicht glaubt, auch nur ein einziges Wort über den »Ort der Taten« zu verlieren. Ein Sprichwort sagt, die Gestaltung des Jenseits sei ohne den Glauben an das Diesseits und dessen Gestaltung nicht mehr als ein Gedicht ohne Reim, das jedem, der es liest, ausdruckslos und ungenießbar vorkommt.

Aufbauend auf der Kultur des Islam, die wegen des Glaubens an das Jenseits in der Bearbeitung des irdischen Lebens und ihrer eigenen Trägheiten und Schwächen zurückgeblieben ist, wird eben solch eine Person, die im Schatten der Gestaltung des Diesseits die Erlangung des ewigen Lebens vernachlässigt, gemäß der im Jenseits geltenden Maßstäbe bestraft werden und sich mit einem tierischen Dasein begnügen müssen. Während man bei der ersten, schutzsuchenden Gattung an eine Gruppe von übertrieben religiösen

193 Deu. ›Gesetz‹: Die Scharia aber ist im selben Maße stabil, wie sie veränderlich, und flexibel im selben Maße, wie sie stabil ist. Über dieses Gesetz sagt bereits Imam Ali: »*Das Gesetz ist eine Vernunft von Außen und die Vernunft ist ein Gesetz von Innen.*« [Madschma al-Bahrayn unter: A-q-l].

194 al-Kafi: Bd. 8, S. 58, Khutba, H. Nr.: 61.

Menschen denkt, erinnert die zweite an eine riesige Horde von Irregeleiteten, die nicht weiter blicken kann als bis zu ihren eigenen Fußspitzen und von einem verbitterten und schädlichen Wunschdenken beeinflußt ist.

Weshalb eigentlich sind wir in einer Zeit, die für ihre Ideenvielfalt bekannt ist, so weit entfernt von neuen Ideen? Warum sind sogar Gruppen, die für ihr Wissen, ihre Aufgeklärtheit, Forschung und Besonnenheit berühmt sind, in die Gefangenschaft von Trägheit und demütigender Depression geraten? Warum profitiert man auf wissenschaftlicher Ebene, insbesondere auf dem Gebiet der Humanwissenschaften, nicht auch von jenem wertvollen Werkzeug, der Fähigkeit des menschlichen Verstandes, welche den Unterschied zwischen dem Menschen und den anderen Geschöpfen ausmacht und den Mittelpunkt seiner freiwilligen und willkürlichen Taten darstellt? Und warum muß man im Schatten dieser ausgesprochenen Profitlosigkeit von Ideen auch noch zu einer allgemeinen, unersetzliche Verluste umfassenden Kultur übergehen?

Die Bevorzugung eines oder zweier Faktoren aus dieser Vielzahl von Faktoren, die sich aus diesem Phänomen ergeben, ist ziemlich schwierig und erfolgt nach Möglichkeit ohne Objektivität und Präzision. Wir müssen gestehen, ohne damit die Behebung sämtlicher vorhandener Hindernisse beim Nachdenken oder Ideenerwerb eines oder mehrer Individuen zu meinen, daß keine spezielle Gruppierung oder Gemeinschaft für diese Hindernisse verantwortlich gemacht werden kann, sondern wir alle an dieser Unzulänglichkeit beteiligt sind. Natürlich ist der Anteil einer Person, die für die kulturellen Angelegenheiten des Landes unmittelbar verantwortlich war, größer als der der anderen, und falls es eine Überprüfung gäbe, müßten viele von ihnen zur Rechenschaft gezogen werden.

Ist der Kampf des Menschen mit den bitteren und süßen Wogen seiner Existenz zum Stillstand gekommen? Hat die

Unfühlbarkeit der Genüsse, welche das Resultat seiner ideellen Forschungen und deren Ergebnislosigkeit ist, den Menschen im Verhältnis dazu unzufrieden gestimmt?

Seien wir aufmerksam auf der schönen Bühne der Ideenbildung angesichts der Unermeßlichkeit der uns zur Verfügung stehenden Wahrheiten. Zeigen wir, daß wir dank des vernünftigen Profitierens von diesem wertvollen Hilfsmittel aus der bisherigen Fruchtlosigkeit unserer Ideen einen Nutzen ziehen, mit der Rückbesinnung auf uns selbst und unser Selbstvertrauen den unheilvollen und unfruchtbaren Talisman unserer Ideen im Schatten des wissenschaftlichen und kulturellen Aufschwungs zerschlagen, mit fester Absicht der religiösen Gegenwart und Zukunft, welche die Nahrung des irdischen und jenseitigen Lebens sind, entgegensehen und die göttlichen Gebote verwirklichen.

5. 3. Religion und Demokratie

Zunächst stellt sich die Frage nach einer eindeutigen These zur Demokratie. Historisch gesehen gilt auch Athen als ein Modell für die Kultur der Demokratie, obgleich Aristoteles und Platon, davon nicht begeistert waren. Während Platon ein Problem in der Naivität der Menschen sah, war die Demokratie für Aristoteles die falsche Form. Hellenische Philosophie war eine aristokratische.

Die Gründer der Vereinigten Staaten sahen Demokratie als Heuchelei und Ausdruck von Unwissenheit an, in der zunächst nur die Männer wählen und das Schicksal der Gesellschaft bestimmen konnten. Einstein berichtet, er habe einmal mit einem klugen Amerikaner gesprochen und ihn vor der Gefahr des Krieges und der daraus resultierenden Vernichtung der Menschheit gewarnt, woraufhin jener ihn fragte, warum er dagegen und um die Menschheit besorgt sei. Will Durant stellte in der Blüte der Demokratie die Frage, ob die Demokratie verloren habe, und er erklärte: »Je mehr ich die Demokratie untersuche, desto bewußter wird mir deren

Unfähigkeit und Heuchelei.« Die Unwissenheit der Masse und deren Instrumentalisierung durch die politischen Akteure sieht er als Ursache für das Scheitern der Demokratie an. Für Spengler ist die Demokratie dadurch charakterisiert, daß sie nur den Reichen nützt.

Ebenso wie im Laufe der Zeit Pluralismus unterschiedlich definiert wurde, gibt es auch verschiedene Definitionen von Demokratie, denn wie André Lalande in seinem 1926 publizierten ›Vocabulaire technique et critique de la philosophie‹[195] feststellt, besteht die Welt aus Menschen mit verschiedenen individuellen, eigenständigen Identitäten, die nicht einfach als einheitliches oder absolutes Phänomen vorstellbar sind. Die rechtfertigende Verteidigung der Demokratie im 17. und 18. Jh. durch Jean-Jacques Rousseau und John Locke haben zu gesellschaftlicher Akzeptanz und Gültigkeit geführt und letztlich Entwicklungsformen und Demokratieformen institutionalisiert, die eine Verbreitung der Kultur der Demokratie bewirkten.

Heute spricht Habermas von einer kommunikativen Kommunikation und propagiert die Verwirklichung einer Demokratie, an der die Masse mehr Anteil hat; er sieht die Vernunft als notwendige Voraussetzung von Demokratie und eine friedliche Machtübergabe und -ausübung als Grundlage für die Zufriedenheit der Masse an. In diesem Sinne kann man die modernste und am weitesten entwickelte Form der Demokratie als legitime Partizipation der Masse verstehen.

Es gibt aber auch andere Interpretationen von Demokratie, die oftmals sogar widersprüchlich sind und in einer möglichen Instrumentalisierung resultieren können, was die Funktionalität der Demokratie gefährden würde. Dieses Problem sehen jene, die einen Mißbrauch der Demokratie befürchten. Deshalb sollte jede Instrumentalisierung der

---

[195] Vgl. S. 783.

Demokratie verhindert werden. Die schlimmste Form einer solchen Instrumentalisierung zeigt sich in einer Erzwingung der Demokratie, wie z.B. gegenwärtig in den USA, wo die Menschen - wie auch in Europa - mehrheitlich gegen den geführten Irakkrieg sind. Diese Schwäche der Demokratie ist eine bittere weltweite Erfahrung, die den Grundkonflikt verdeutlicht, ob menschliche Gesellschaften Demokratie brauchen oder ob Macht sich nur der Demokratie bedient.

Gleichermaßen werden auch Verbrechen, die im Namen des Islam begangen werden, keinen Verzicht der Moslems auf den Islam bewirken. Somit gibt es anscheinend keine einheitliche Erscheinungsform der Demokratie, über die Konsens herrscht.

Sind die Demokratien in Frankreich und Irland, Italien und England oder den USA und Indien gleich? Gleichen sich die Demokratie in Irak und den Niederlanden? Wurzelt die Demokratie eines Landes nicht in der Denkstruktur, Kultur usw. seiner Bevölkerung? Wenn es sich so verhält, warum sollte es diesen Menschen dann nicht erlaubt sein, eine für sie geeignete Definition von Demokratie zu finden? Ist es kein Widerspruch in sich, von einem einzigen Demokratiemodell auszugehen? Darf man schließlich jemanden dafür kritisieren, daß er für ein bestimmtes Demokratiemodell eintritt? Und widersprechen jene, die im Namen der Demokratie ein bestimmtes Wirtschafts-, Politik-, Kultur- und Rechtsprechungsmodell empfehlen, nicht dem Selbstbestimmungsrecht der Masse? So erscheint die im Grunde humane Demokratie als Instrument der politischen Machthaber der Weltherrschaft, und was hier und da im Namen der Demokratie geschieht, ist weder legitim und human, noch wird es von der Mehrheit der Menschen auf dieser Erde unterstützt.

Die Demokratie erscheint wie ein Messer, das angefertigt wurde, um Apfelsinen oder Gurken zu schälen, aber statt dessen zum Häuten der Menschen benutzt wird. Deshalb muß der Widerspruch zwischen Theorie und Praxis der Demokratie überwunden werden, damit die Menschen daran glauben. Man sollte aber auch nicht denken, die Demokratie sei das Ende der Geschichte, und ohne sie sei alles unvollständig oder mit ihr alles beendet. Versagt die kreative Kraft des Menschen in der Epoche des Postmodernismus etwa, so daß wir denken könnten, es würde nichts Neues geboren, das humaner, vollkommener und funktionsfähiger als die Demokratie sein kann? Warum sollte der fortschrittliche Mensch unserer Zeit, der sich vom Dogmatismus befreit hat, von anderen Konzepten als der Demokratie beunruhigt werden? Die Demokratie resultiert aus Pluralismus, der auf Vielfalt und Mannigfaltigkeit basiert. Toleranz ist ein Merkmal des Pluralismus, während Dogmatismus damit unvereinbar ist. Stärke kennzeichnet die Demokratie, die niemals vom Dogmatismus bestimmt werden kann.

Einen Vergleich zwischen Religion und Demokratie als normenbildende Systeme halte ich für sachlich nicht richtig, dennoch will ich versuchen, dies kurz und einfach darzustellen. Die Geschichte im Sinne eines Zeugnisses des menschlichen Bemühens vergangener Generationen lehrt uns, wie auch Soziologen und Historiker bestätigen, daß Gedanken, die nicht auf reiner Vernunft und Gedankenfreiheit basieren, früher oder später dogmatisch und absolut werden und letztlich Gedanken zerstören. Der Islam belegt seine Wahrheit mit Beweisen, und folglich kann man keine argumentativen Theorien ablehnen. Ich halte die Demokratie für die Menschen trotz aller Mängel für eine erfolgreiche Erfahrung, die Machtkonzentration und -mißbrauch verhindert. Alvin Toffler sagt, daß Macht auf drei Säulen basiert: Herrschaft, Besitz und Wissen. Ich glaube, daß Pluralismus, der auf Vernunft basiert, jede Art von Despotismus, ob alt oder neu, ob einheimisch oder fremd, verhindert, und wir haben mit eigenen Augen den Untergang des Despotismus und der Unfreiheit und den Sieg der Demokratie gesehen.

Die Kenntnis des Islam verdeutlicht, daß er Prinzipien impliziert wie Ablehnung von Rassen- und Geschlechterdiskriminierung, die Notwendigkeit der Beteiligung des Volkes an der Macht, die Beachtung der Menschenrechte, freie Wahlen usw. – gesellschaftliche Teilhabeprinzipien, auf denen auch die Demokratie basiert. Wenn der Islam den Pluralismus und die Vielfalt ablehnen würde, hätte er dies klar zum Ausdruck gebracht; doch im Gegensatz dazu heißt es im Koran: »Sprich: ›O Volk der Schrift, kommt herbei zu einem gleichen Wort zwischen uns und euch, daß wir nämlich Gott allein dienen und nichts neben ihn stellen und daß nicht die einen von uns die anderen zu Herren nehmen außer Gott‹.«[196]

Die Anerkennung anderer Religionen und Gedankenfreiheit ist ebenso wie die Distanzierung von Dogmatismus und Despotie ein Zeichen der Vollkommenheit des Islam, was Imam Ali mit folgenden Worten zum Ausdruck brachte: »Wer seinen Kopf für sich alleine hat, ist verloren.«[197] Es scheint, daß der Gebrauch bestimmter Begriffe wie z.B. »religiöse Herrschaft der Masse«, »Zivilgesellschaft«, »religiöser Pluralismus« usw. in bestimmten islamischen Gesellschaften mit dem Bestreben kluger Menschen in diesen Gesellschaften einhergeht, auf der Erfahrung der anderen aufbauend ein neues Demokratiemodell zu entwickeln, das mit der Kultur, Gesellschaft und Politik dieser Gesellschaften kompatibel ist. Zweifellos ist eine Kopie der westlichen Demokratie in anderen Gesellschaften unvernünftig; vielmehr müssen die Erfahrungen der Menschen in der westli-

---

[196] Sure 3, Vers 64.

[197] Wasa'il asch-Schia: Bd. 12, S. 40, Bab 21, H. Nr.: 15587: »*Wer seinen Kopf für sich alleine hat, ist verloren und wer sich mit den Leuten berät, der nimmt Anteil an ihrem Intellekt.*«

chen Welt mit der Demokratie berücksichtig werden und man muß die Menschen selbstbewußt ihre Probleme lösen lassen. Mein Ziel war, unter Berücksichtigung aller Stärken und Schwächen der Demokratien in der Welt, festzustellen:

1. Die Demokratie ist für den heutigen Menschen eine Notwendigkeit, auch wenn sie Schwächen, wie z.B. Instrumentalisierbarkeit, aufweist.
2. Die Betonung freier Wahlen in der Demokratie als bester Methode zur Verhinderung von Anarchie und Machkonzentration bei einer Partei oder Person - auch wenn dieser Aspekt in der Welt zuweilen mißbraucht wird - widerspricht nicht den islamischen Prinzipien, sondern wird von diesen vielmehr unterstützt.
3. Demokratie kann in verschiedenen Ländern, je nach Gesellschaft und Kultur, unterschiedlich geprägt sein.
4. Gestaltung und Inhalte der Demokratie müssen offenbleiben, und jeglicher Dogmatismus stellt eine Gefahr für die Demokratie dar.
5. Die internationale Gemeinschaft muß ein Garant der Demokratie sein, damit diese nicht von einzelnen Supermächten mißbraucht werden kann.
6. Die praktische Verwirklichung von Demokratie und die Beteiligung der Mehrheit der Menschen an ihrem Schicksal bedarf einiger Voraussetzungen, die von vielen demokratischen Staaten absichtlich oder aus Nachlässigkeit unberücksichtigt bleiben, so daß nicht die Masse am politischen Prozeß beteiligt ist, was jedoch die Kontinuität der Demokratie garantiert. Praktisch entscheidet eine bestimmte elitäre Gruppe für alle anderen, was dem Verständnis von Demokratie im Grunde widerspricht, und das hat der heutige Mensch nicht verdient.
7. Jeder Gesellschaft muß eine ihren Verhältnissen entsprechende Interpretation von Demokratie zugestanden werden, und andere demokratische Rezepte dürfen nicht aufgezwungen werden.

6. Zum Vorschlag der Letztbegründungstheoretiker

Eine andere Methode, den fragenden Menschen Antworten zu geben, ist eine besonders von Descartes und Locke entwickelte Methode. Alvin Plantinga hat versucht, diese Fragen in einer einfachen und dennoch wissenschaftlichen Art und Weise zu beantworten, und zwar in Form einer logischen Analyse der religiösen Aussagen. Er ist der Meinung, daß viele religiöse Aussagen, die er als Grundüberzeugung bezeichnet, keiner Prämissen und Beweise bedürfen. Für Locke und Descartes bedarf die mathematische Aussage 2+2=4 keines Beweises, und derartige religiöse Aussagen gibt es in der Religion zur Genüge.

Plantinga akzeptiert im Unterschied zu Locke und Descartes die Grundüberzeugung als selbstverständliche Annahme nicht und stellt sogar das Rechenbeispiel 2+2=4 in Frage. ihm zufolge sagt die Selbstverständlichkeit eines Phänomens nichts über dessen Richtigkeit oder Falschheit aus. Er vertritt die Ansicht, daß die Aussage »Gott existiert« zu den Aussagen gehört, die man nicht hinterfragen muß und die keiner Rechtfertigung und keines Beweises bedürfen. Kann man behaupten, daß bestimmte Aussagen nicht bewiesen werden müssen? Braucht man Beweise und Argumente, wenn man z.B. mit der Aussage »der Spatz sitzt auf dem Baum« konfrontiert wird?

Für Plantinga ist die Aussage, daß Gott existiert, eine Grundwahrheit und erfordert keine Beweise. Einzig die induktive Schlußfolgerung macht nach Plantinga deutlich, ob man für eine Aussage Beweise braucht oder nicht. Es ist nun aber keineswegs so, daß wir einige Bedingungen als für Grundüberzeugungen festlegen können und wir dann jede Aussage, bei der wir diese Bedingungen erfüllt sehen, als Grundüberzeugung akzeptieren können. Plantinga wurde deshalb mit der Frage konfrontiert, warum man nicht jede Aussage akzeptieren sollte, die zur Grundüberzeugung erklärt wird, wenn die induktive Schlußfolgerung als einzige Möglichkeit angesehen wird, zu Grundüberzeugungen zu gelangen. Nach Plantingas Ansicht kann man mittels ein wenig Nachdenken den Unterschied schnell erkennen, und dabei bezieht er sich auf Calvin, der sagte, daß wir die Gotteshand durch eine geheime Stimme, die in unserem Inneren ruft, erkennen können - wie aber sollen wir daran glauben, daß der Kürbis in der letzten Oktobernacht auf dem Acker zu sehen ist?[198]

Plantinga schlägt eine weitgehend induktive Methode vor, d.h., wir sollten rationale Grundüberzeugungen (Überzeugungen, die nicht auf der Grundlage anderer Überzeugungen aufbauen) untersuchen, und von diesen Beispielen können wir einige Hypothesen über das Wesen von Grundüberzeugungen entwickeln. Allerdings impliziert der fehlende Maßstab für die Bestimmung einer Grundüberzeugung nicht, daß es keine echten Grundüberzeugungen gibt und daß der Glaube an Gott keine Grundüberzeugung ist. Hier werden die Grenzen des Denkansatzes von Plantinga deutlich. Denn mit der Argumentation, der Glaube an Gott sei eine Grundaussage, kann jede beliebige klare Aussage zu einer Grundaussage erhoben werden - ungeachtet dessen, ob andere diese akzeptieren oder nicht. Diese Methode bringt uns also nicht weiter, denn wir wissen, daß Annahmen von zweierlei Art sind, nämlich zum einen intuitiv, d.h. keines Beweises bedürftig, und zum anderen theoretisch, auf Lernen, Nachdenken und Beweisen basierend.

---

[198] In den USA gibt es eine populäre Kindergeschichte, in der ein Kind glaubt, daß jedes Jahr, Ende Oktober, auf dem Kürbisfeld ein großer Kürbis erscheint. Es geht also in der besagten Nacht zum Kürbisakker und wartet auf den großen Kürbis. Kritiker Plantingas haben vorgebracht, daß die Argumente, die Plantinga anführt, um zu zeigen, daß der Glaube an Gott eine Grundüberzeugung ist, ebenfalls dazu gebraucht werden können, zu zeigen, daß der Glaube an den großen Kürbis eine Grundüberzeugung ist. Denn sicherlich wird jemand, der an das Erscheinen des großen Kürbisses glaubt, im Mondlicht eine Hand oder einen Schatten erkennen und deshalb überzeugt sein, der Kürbis sei anwesend.

Die Aussage »Es gibt einen Gott« gehört entweder zu den abgeleiteten Aussagen oder zu den grundlegenden Aussagen; eine dritte Möglichkeit gibt es nicht. Wenn Plantinga mit der Grundüberzeugung die inneren Wahrnehmungen meint, ist dies richtig, weil ein Bezeugen (direktes Sehen), das auf Gewißheit basiert, akzeptabel ist. Es gibt viele große religiöse Persönlichkeiten, die mittels direkter Schau das Ziel erreicht haben.

Hadi Sabzawari ist bspw. der Auffassung: »Die Intensität Deiner Erscheinung, o Gott, hat Dich verborgen. Dein Inneres und Dein Äußeres sind in Wirklichkeit offenbar.«[199] Und im Koran, in der Sure 14, Vers 10, heißt es: »... ›Ist etwa ein Zweifel über Gott, den Schöpfer der Himmel und der Erde?‹...«[200] Und aus einer Anrufung von Imam al-Hossein ibn Ali ist überliefert: »Wie sollst Du durch etwas bewiesen werden, das in seiner Existenz von Dir abhängig ist?! Besitzt etwa anderes als Du vom Erscheinen, was Du nicht besitzt, daß es Dich zum Erscheinen brächte?! Wann warst Du verborgen, daß Du eines Beweises bedürftest, der Dich beweisen solle?! Und wann warst Du fern, daß es die Spuren seien sollten, die zu Dir führen?! Blind ist ein Auge, das Dich nicht sieht!«[201]

Wir wissen allerdings auch, daß wir auf Beweise und logische Schlußfolgerung nicht verzichten können, auch wenn das direkte Sehen im Zusammenhang mit der inneren Wahrnehmung richtig ist. Die Geschichte der Religion zeigt uns, daß überall dort, wo – aus welchen Gründen auch immer – kritisches Hinterfragen nicht möglich war, die Menschen ihre Kreativität eingebüßt haben und der gesellschaftliche und zivilisatorische Fortschritt gehemmt wurden.

---

[199] al-Manzuma v. Sabzawari.

[200] Sure 14, Vers 10.

[201] Bihar al-Anwar: Bd. 64, S. 142, im Kommentar zu H. Nr.: 7, Kapitel 4: Fitra-tu-llah.

Nun kann man die Frage stellen, welche Bedeutung die Religion selbst dem Hinterfragen oder Nachfragen zumißt. Warum sind viele religiöse Menschen und auch Gesellschaften allgemein nicht daran interessiert, Fragen zu stellen?

Es mag überraschend klingen, aber es ist in der Tat ein dem Islam inhärentes und allgemein bekanntes Merkmal, daß alle Fragen, gleich in welchem Bereich, zulässig sind. Wenn die Fragen etwa nicht zu den Grundlagen des Glaubens vordringen, so kann man diesen nicht logisch darstellen und interpretieren. Auch die Geschichte lehrt uns, daß die Propheten und Imame an ernsthaften Fragen interessiert waren. War Adam etwa kein neugieriger Mensch? Hat er keine Fragen gestellt? War der letzte Prophet, Mohammad, nicht an Fragen über den Sinn der Religion interessiert? Hat Imam Ali nicht immer gesagt: »Fragt mich, solange ich unter euch weile.«[202] Und heißt es im Koran denn nicht: »... Gib denn die frohe Botschaft Meinen Dienern; es sind jene, die auf das Wort hören und dem besten von ihm folgen.«[203]

Selbstverständlich ist der Islam ein Ideenkomplex, ein Glaube, mit dem Auseinandersetzung lohnt, und wenn man diese Auseinandersetzung bewältigt, dann hat man die Möglichkeit der Wahl: »Es gibt keinen Zwang im Glauben. Der richtige Weg ist nun klar erkennbar geworden gegenüber dem unrichtigen...«[204]

Angst vor Fragen haben jene, die im Inneren ihres Wesens unsicher sind; aber die koranische Logik ist nicht mit Schwäche oder Unsicherheit in Zusammenhang zu bringen. Der Koran führt den Menschen durch rationale Argumentation und logische Beweise auf den rechten Weg. Er verlangt vom Menschen, daß er seine Vernunft gebraucht und über

---

[202] Mustadrak al-Wasa'il: Bd. 11, K. 42, Bab Anna al-Dschizya, H. Nr. 12531-4.

[203] Sure 39, Vers 17 u. 18.

[204] Sure 2, Vers 256.

die göttliche Offenbarung nachdenkt. Wer mit der religiösen Kultur vertraut ist, weiß genau, daß ihr Zwang, Willkür, Fatalismus und blinde Nachahmung eigentlich fremd sind. Grundsätzlich liegt ein großer Unterschied zwischen dem Islam und den anderen Religionen darin, daß der Islam Wissen als notwendigen Bestandteil des Glaubens ansieht.

Gott fordert vom Menschen, daß er sich auf keinen Weg begeben soll, den er nicht genau kennt. Wie könnte Gott als Symbol der Allwissenheit Menschen zu sich einladen und ihnen gleichzeitig gebieten, nichts zu hinterfragen? Der religiöse Mensch ist vielmehr verpflichtet, die islamischen Prinzipien zu erforschen. Jeder Moslem soll die Grundlagen der islamischen Weltanschauung studieren und sich mit ihnen auseinandersetzen. Wie schön hat dies Imam Ali in seinem Gebet für jene zum Ausdruck gebracht, die Fragen stellen: »Gott erbarme sich jemandem, der weiß ›woher‹, ›wo‹ und ›wohin‹.«[205] Das ist der Prozeß der Entwicklung und des Fortschritts.

Nun könnte man die Frage aufwerfen, warum der Islam, der sich gegen Fatalismus, Willkür und Zwang richtet und sich als eine fortschrittliche Religion sieht, die überall und jederzeit praktizierbar ist, mit kritischen Menschen und Querdenkern seine Probleme hat? Die Antwort ist klar: Es gilt zu differenzieren zwischen der Religion und dem religiösen Menschen. Es gibt viele Menschen, die sich mit der äußeren Erscheinungsform der Religion beschäftigen und darüber die innere Wirklichkeit der Religion vernachlässigen. Es gibt viele Menschen, die ihre religiösen Ansichten als für alle Menschen gültig ansehen. Diese Menschen haben nicht nur die anderen, sondern in erster Linie sich selbst von der Wahrheit und der neuen Erkenntnissen der Religion

---

[205] In der Einleitung des Molla Sadra zu seinem Buch ›al-Asfar al-Arbaa‹ »der vierfache Weg zur Erkenntnis«.

abgehalten. Solche Menschen gibt es in jeder Gesellschaft, und sie sind für sich selbst verantwortlich.

Fragen haben in der Religion den tiefen Sinn, gleich einer sprudelnden Quelle Kreativität, Erneuerung, Entwicklung und Fortschritt hervorzubringen, und die religiöse Existenz erblüht, wenn sie in dieser Sichtweise wurzelt. Die Vorstellungen von der Religion und die Bedürfnisse des Menschen sind der zeitlichen Veränderung unterworfen. Stets werden wir mit einer neuen Welt konfrontiert, und diese neue Welt braucht neue Gesetze, neue Fragen, neue Antworten und sogar eine neue Atmosphäre. Wenn zwei Tage im Leben eines Menschen völlig identisch sind und keinerlei Veränderung erfahren, dann hat er zumindest einen Tag verloren. Es ist selbstverständlich, daß jede neue Erscheinung mit neuen Fragen einhergeht. Für jede neue Situation müssen neue, vernünftige und logische Antworten gefunden werden, und deshalb sollte man nicht sagen, wenn es keine neuen Fragen gibt, gibt es auch keine neuen Aufgaben! Unsere großen Persönlichkeiten waren deshalb neugierig auf neue Fragen, und manchmal haben sie bewußt neue Fragen gestellt, um dadurch die religiöse Masse aus dem Schlaf der Nachlässigkeit zu wecken.

Der Koran erzählt uns die Geschichte von Abraham, der alle Götzen zerschlägt und dann seine Axt dem größten und einzig noch verbliebenen Götzen in die Hände legt. Mit dieser Tat wirft er neue Fragen auf: Entweder müssen die Menschen akzeptieren, daß der große Götze die kleinen zertrümmert hat, oder aber, wenn sie dies nicht akzeptieren, müssen sie eingestehen, daß der Götze ohnmächtig war und dies nicht verhindern konnte. Mit derartigen Fragen wurden viele Menschen aus dem Schlaf der Naivität und der Unwissenheit geweckt und dem wahren Gott und Schöpfer näher gebracht.

Wenn religiöse Institutionen neue Fragen nicht akzeptieren können, wie stehen sie dann zu Menschen wie Abraham?

Abraham zeigt uns unsere menschliche Verantwortung auf, nämlich den Weg der Aufklärung zu beschreiten und tapfer auf die Suche nach der Wahrheit zu gehen. Man sollte nicht alles mit dem Argument rechtfertigen, es sei gefährlich. Abraham ist unser Vorbild. Wenn sich die Methodologie der Religion nicht weiterentwickelt, wird die Religion ihre Funktion in der Gesellschaft verlieren, und das ist das bittere Schicksal der Religion im Westen. Die Religion ist im Westen heute eine Randerscheinung; sie ist am gesellschaftlichen, kulturellen, wirtschaftlichen und politischen Geschehen nicht wirklich beteiligt. Wenn die religiösen Akteure ihre Verantwortung und eigene Erneuerung nicht vernachlässigt hätten, wäre die Religion heute nicht in dieser Situation. Wie kann man von den Menschen verlangen, daß sie religiöse Gebote und Verbote und die religiöse Wahrheit insgesamt annehmen, wenn sie diese nicht verstehen?

Gott, als Schöpfer des Menschen, lädt ihn zum Nachdenken ein und stellt in seinem Buch ewig neue Fragen für die Menschheit. Der Koran stellt sich selbst vor mit neuen Fragen, neuen Antworten und einer neuen Art der Argumentation, wie aus allen seinen Versen deutlich wird: »... Sind solche, die wissen, denen gleich, die nicht wissen?...«[206] »Meint der Mensch etwa, er würde sich selbst überlassen sein?«[207] »O ihr, die ihr glaubt, soll Ich euch (den Weg) zu einem Handel weisen, der euch vor qualvoller Strafe retten wird?«[208]

Wie kann diese göttliche Veranlagung des Menschen, durch neue Fragen und Antworten Gott besser zu erkennen, vernachlässigt werden? Kann ein Mensch anderen Menschen verbieten, sich mit neuen Fragen über die Religion auseinanderzusetzen? Diese Sichtweise, wonach die religiö-

---

206 Sure 39, Vers 9.

207 Sure 75, Vers 36.

208 Sure 61, Vers 10.

sen Aussagen und das Hinterfragen und Nachfragen einander fremd sind, ist einer vernünftigen, zeitgemäßen und überzeugenden Antwort nicht nützlich und sogar falsch und ist mit dem Wesen und der Logik der Religion nicht vereinbar.

Abschließend möchte ich darauf hinweisen, daß es wichtig ist zu differenzieren zwischen der Religion, die wir von unseren Vorvätern übernommen haben und der Religion, die wir selbst durch unser geistiges Bemühen erkennen. Erstere ist schwach und zerbrechlich, wenn nicht aus eigener Erfahrung bestätigt, erst letztere innovativ und fortschrittlich.

7. Stellung des Menschen aus koranischer Sicht

Es ist nicht übertrieben zu behaupten, daß die Wurzel aller Ideen von den Menschenrechten auf der Definition des Menschen basiert. Es gilt festzustellen, welche Stellung der Mensch, unabhängig von seiner Einstellung und Überzeugung und gleich, ob er rot oder gelb, farbig oder weiß, frei oder unfrei, gebildet oder ungebildet, mächtig oder schwach, Frau oder Mann, zivilisiert oder unzivilisiert ist, hat. Welche Rechte besitzt er? Kann er seine Rechte aus eigener Kraft einfordern?

Wo steht der Mensch, welchen Blickwinkel hat er, welche Rechte stehen ihm zu, wenn er denkt, Fragen stellt, eine Auswahl trifft usw.?

Im Koran gibt es etliche Verse, die Aussagen über die Stellung und den Rang des Menschen machen, wie z.B.: »Und wahrlich, Wir haben die Kinder Adams geehrt und sie über Land und Meer getragen und sie mit guten Dingen versorgt und sie ausgezeichnet – eine Auszeichnung vor jenen vielen, die Wir erschaffen haben.«[209]

---

[209] Sure 17, Vers 70.

Der Mensch wird damit als bestes Geschöpf des gesamten Universums anerkannt. Wichtig ist hier, daß vom Menschen allgemein und nicht von einem bestimmten Menschen die Rede ist. Bei Gott sind also die Würde und die Rechte des Menschen unantastbar - ungeachtet dessen, welcher Religion, Rasse, Kultur usw. Er angehört. Die Menschen sind wie die Glieder eines Körpers, weil sie alle einen gemeinsamen Schöpfungsursprung haben. Der Schatz des menschlichen Seins ist vor Gott gleich; deshalb spricht Gott hier über alle Menschen - ohne spezielle Anrede.

Diese Auszeichnung läßt sich auch daraus ableiten, daß der Mensch allgemein in der Lage ist, die Wahrheit des Universums herauszukristallisieren und in allen Bereichen des Lebens seine Kenntnis zu erweitern. Er kann etwa die schönsten moralischen Eigenschaften verwirklichen oder die Ursache für die übelsten Taten und Eigenschaften sein - und obwohl er all diese Gegensätze in sich hat, ist er wertvoll und das vollkommenste Geschöpf des Universums: »Wahrlich, Wir haben den Menschen in schönstem Ebenmaß erschaffen.«[210]

Diese Eigenschaft ist allgemein und nicht auf bestimmte Menschen beschränkt - und deshalb ist jeder Mensch mit besonderer Würde ausgestattet und wir behandeln jeden Menschen würdig, wenn wir seine Rechte in jeder Hinsicht achten und anerkennen, weil wir davon ausgehen, daß kein Mensch ursprüngliche Vorteile hat oder besser ist als andere. Wenn ein Mensch in bestimmten wissenschaftlichen oder technischen Bereichen oder im Hinblick auf seine Moral und Ethik besondere Fertigkeiten entwickelt, so erlangt er selbstverständlich eine besondere Stellung und ein höheres Ansehen als andere, aber das bedeutet nicht, daß die anderen Menschen benachteiligt werden dürfen oder unbedeutend sind. Ich selbst habe mich mehr als zwanzig Jahre mit

---

[210] Sure 95, Vers 4.

Religion, speziell mit dem Islam beschäftigt, und wenn ich heute das Wesen der Religion und das soziale Grundprinzip des Islam in einem Satz zum Ausdruck bringen sollte, dann würde ich sagen, daß dies nichts anderes ist als die Einladung zur Menschlichkeit und die Achtung von Stufe und Stellung des Menschen in der Schöpfung. Deshalb muß man sich und den Menschen erst kennen, um seine Fähigkeiten zu fördern, damit er einen höheren Rang als Mensch erreichen kann. Man darf nicht vergessen, daß alle Menschen diese Rechte und Fähigkeiten haben: jeder Mensch muß würdig behandelt werden, auch wenn er nicht so denkt wie ich.

Imam Ali unterteilt die Menschen daher in zwei Gruppen: »Sie sind von zweierlei Art: Entweder sind sie deine Geschwister im Glauben, oder sie sind Geschöpfe wie du.«[211] Er fügt - nicht im Sinne einer ethischen Empfehlung, sondern als Befehl zur Staatsführung - hinzu, daß die Rechte eines jeden Menschen beachtet werden müssen, ob man nun für oder gegen ihn ist. Im Sahih al-Bukhari sind seine folgenden Worte wiedergegeben: »Wer im islamischen Staat einen Nichtmuslim unterdrückt oder beleidigt, der hat Mich unterdrückt und beleidigt.«[212] Deshalb ist die Bevorzugung eines Menschen nicht erlaubt, weil alle Menschen Gottes Geschöpfe sind - und wer dieses Prinzip berücksichtigt, ist vor Gott angesehener.

Der Prophet Mohammad sagte: »Gott liebt die Menschen mehr, die im Dienste der Menschen sind.« und »Wahrlich, vor Gott ist von euch geachteter, wer von euch gottesfürchtiger ist.«[213] Das Geheimnis dieser Achtung vor dem Menschen liegt in der göttlichen Veranlagung, die bei allen Menschen ursprünglich gleich ist. Ist es angesichts dieser, auf

---

211 Nahdch al-Balagha, Brief (Kitab) Nr. 53, S. 993.

212 Sahih al-Bukhari, Bd. 2, S. 559.

213 Sure 49, Vers 13.

den Koran zurückgeführten Ansichten nicht bedauerlich, daß gewisse Theorien immer noch andersdenkende Menschen als Feinde ansehen und Menschen sie mit Ausdrücken wie ›zurückgeblieben‹, ›unzivilisiert‹, ›gewalttätig‹ oder ›terroristisch‹ bezeichnen oder gar töten lassen?

Der Autor und das Buch

Mohammad Razavi Rad, geboren 1963, ist Doktor der Theologie. Er ist spezialisieret auf Religionswissenschaft und Religionsphilosophie und ist Leiter des Instituts für Islamische Bildung e.V. in Hamburg.

Wir leben im Überfluß der Informationen. Alle Wege zum Wissen stehen uns offen, und doch erleiden wir Ignoranz. Wir erleben das Zeitalter der Kommunikation, und doch erleiden wir den ›Clash of Civilisations and Religions‹. Und wir alle reden heute so oft vom Islam, und doch reden so viele von uns am Islam vorbei.

Dieses Buch will den Islam für sich selbst sprechen lassen. Ein schwieriges, aber nicht unmögliches Bemühen, das der Autor mit großem Interesse an der Wahrheit aufbringt. Es gelingt ihm, einen Zugang zum Islam zu öffnen, der die Grenzen des Dogmatischen und Missionarischen und noch weit darüber hinaus aufbricht. Der ›Islam‹, der hier zur Sprache kommt, hebt weniger die exotisch-fremdklingende Melodie der arabischen Bezeichnung hervor als vielmehr den humanen und tief vertrauten Sinn des Wortes, über den schon Goethe sagte: »Wenn ›Islam‹ Gottergebenheit heißt; im ›Islam‹ leben und sterben wir alle.«